治療関係がセラピーを有効にする
~エリクソン，ロジャーズ，ポリヴェーガル理論の交響~

著

大谷　彰　　津田真人　　大城由敬

星和書店

本書を長年にわたり安心と安全感を分かち合ってくれた
セラピスト Sally M. Winston, PsyD. に捧げる

（大谷 彰）

本書を，ここに展開した治療観を抱くに至らせてくれた，
30余年来クライエントとして相見えたすべての方々に，
そして様々な「障害」や「生きづらさ」を抱えるすべての方々に，捧げます。

（津田 真人）

本書を，どんなに荒んだ旅路でも支え続けてくれた家族に，
そして人間的成長の可能性や叡智を教えて下さった
すべてのクライエントに，感謝と共に捧げます。

（大城 由敬）

序　文

　本書は，大谷彰先生と津田真人先生を講師に招聘し，2024年5月25日にオンライン開催した『治療関係がセラピーを有効にする〜エリクソン，ロジャーズ，ポリヴェーガル理論の交響〜』を文字起こしし，書籍にまとめたものである。また，当日の対談セミナー後の講師と運営スタッフの振り返りも含んでいる。個人的には，舞台裏こそ，興味深い話が出てくると思っている。

　まず，大谷・津田セミナーの企画が誕生するまでの経緯について触れたい。それは津田真人先生と，その前年の5月14日に開催した『解決志向アプローチ×ポリヴェーガル理論』のセミナーの振り返りをしていた際，私が「催眠とポリヴェーガル理論の関係について，さらに知りたい」とメールで伝えたところから始まった。すると，津田先生の方から，「催眠の泰斗であられる大谷彰先生と対談企画をしてみると面白いのでは」という提案があった。素敵な話だが，大谷先生のお名前は存じ上げていても，連絡を取る伝手がなく困ってしまった。しかし，念ずれば叶う。あれこれ術を考えてどうにか大谷先生と連絡を取ることができた。そして津田先生との対談企画をお願いしたところ，すぐに興味を持って頂き，あっという間に対談企画が決まった。津田先生に興奮して報告したことを鮮明に覚えている。

　お二人の先生と，セミナー開催に至るまで，幾度にわたり打ち合わせを行った。そして，セミナーの趣旨は以下のように決

まった。以下，フライヤーから引用する。

「昨今多数の心理療法が入り乱れる時代である。華やかな技法に注目されがちであるが，どのような心理療法でも治療関係が有効であることは，一度は耳にしたことがあるであろう。では，有効な治療関係とは何だろうか。あまりにも漠然としていないだろうか。そのような中，ミルトン・エリクソンは，「こころ」と「からだ」の交わるところから効果的な治療関係を徹底的に追求した。同世代のカール・ロジャーズは，「こころ」の側面からさらに磨き上げた。最近のポリヴェーガル理論は，「からだ」の側面から神経学的に洗練してきている。エリクソン×ロジャーズ×ポリヴェーガル理論という意外な組合せから，果たしてどんな化学反応が沸き起こるか。お二人の先生の講義と対談を通して，意外性のあるワクワクを楽しみながら学んでいこう。」

セミナー形式は，双方の先生の事前の講義に2時間ずつ，5月25日に2時間の対談を行った。

沖縄トラウマケア勉強会（以下，沖トラ）は，医師や臨床心理士，公認心理師，精神保健福祉士などの資格を保持する者らによって構成されている。勉強会のメンバーは，たとえ医師であっても，みんな"さん"づけで名前を呼び合っている。そこからもわかるように，横の繋がりを大事にして，情報交換するなどして学び合っている。そして，沖トラの有志のメンバーで構成されている，沖縄セミナー事務局は，初学者や若手の方達でも安心してトラウマケアができるよう，主にトラウマケア関連のセミナーやワークショップを運営している。セミナーには沖縄だけでなく，日本全国から参加して頂いている。中には海外から参加される方もいる。セミナーなどを運営すること

で，支援者がエンパワーメントされ，ひいては沖縄を元気にしたい！　日本を元気にしたい！　という思いで続けている。

　第1章の大谷先生のご講義では，心理療法を効果的に作用させる3大要因として，クライエント要因，セラピスト要因，治療関係を挙げており，それぞれについて詳しく説明している。クライエント要因では，クライエントを全人格的に理解することや，尊重することなどの重要性について説いている。セラピスト要因では，傾聴の本質についてである。傾聴が傾聴になるために具体的な解説がなされている。併せて，チャート式応答や「でも・しか」応答といったパターン学習の弊害についても述べられている。治療関係では，対人関係を基盤とする心理療法において，セラピストとクライエントの二者間の信頼関係によって進めていくプロセスについて詳しい説明がある。大谷先生のポリヴェーガル理論の観点から論じられるお話もとても貴重であろう。大谷先生のご専門である，臨床催眠やマインドフルネスについても，治療関係要因から考察されている。催眠のよくある誤解を指摘し，エリクソン催眠とロジャーズの共通点について論じられている。エリクソンの娘と懇意にされていた大谷先生だからこそ，エリクソンの本には書かれなかったお話が述べられている。そして，大谷先生と愛犬の心温まるエピソードを交えながらのお話で"四無量心"の理解が深まるであろう。それから，エリクソンやロジャーズも，自身の臨床スキルを上達するために取り組んでいたようである。読者もどのような方法か知りたいのではないだろうか？　大谷先生の方からも，日米で長年臨床に携わり，大学などで教えてこられたご経験から，臨床スキルの上達の方法をご紹介されている。臨床場面だけでなく，日常的にも取り組めるものである。臨床場面で

上手くいかないことが続くと，その不安を払拭しようと，技術に埋没しがちになることもある。しかし，目の前にいるクライエントをよく観察し理解して，クライエントのためにできることは何かと考えるという対人援助職の基礎を振り返ることができる。

第2章の津田先生の事前のご講義は，ポージェスが強調する安全感のセラピーとエリクソンが強調するリソースのセラピーという意外な組み合わせから，治療関係に重要なことを考察されている。ロジャーズは「こころ」の側面から治療関係について重要な点を追求してきた。それに加えて，ポージェスとロジャーズの重なり合いを見ていくことで，改めてロジャーズを見直したり，新たなロジャーズの側面に触れたりすることができるかもしれない。また，エリクソンとロジャーズの関係性についても興味深い話を知ることができるであろう。エリクソンを研究してきた，津田先生だからこその深い考察である。読者のなかには，これまでにポリヴェーガル理論を学んだが，それをどのように日常の臨床に応用するか戸惑われた方もいるであろう。自律神経のブレンドとリソースを，安全の観点から見るお話で，目の前にいるクライエントが今どのような状態にいるのか，クライエントの願いは何かを学ぶことができるかもしれない。大谷先生の依拠されているマインドフルネス段階的トラウマセラピー（MB-POTT）にも触れられており，いよいよ対談が始まるぞ，という感じがある。津田先生の講義で，読者は巨人の肩の上に立ち，より遠くまで視野が広がる体験をするであろう。

第3章のお二人の対談は，副題のエリクソンやロジャーズ，ポリヴェーガル理論だけに留まることはなく，「トラウマ記憶

の変容」や「ニューロセプションの誤作動と投影・逆転移」の他,「セルフコンパッションとしてのブレンド」,「西洋的要素と東洋的要素の考え」などに広がっていった。まさに博識者のお二人の交響であった。さらに参加者から頂いたユニークな質問もあり,より素晴らしいシンフォニーとなり,あっという間の2時間であった。お二人の先生の対談に惹き込まれる体験を共有できたことは,企画者として何よりも嬉しかった。ご参加頂いた方々から,DMなどで続々と高評価の熱い感想を頂いた。感想のなかには,書籍化あるいはDVD化の強い要望が多くあり,それを受けて本書が成立することになった経緯もある。

　お二人の先生とのセミナー打ち合わせを兼ねてのユンタクも刺激的だった。ユンタクとは,うちなーぐち(沖縄語)でお喋りという意味である。打ち合わせのように形式的なものでなく,自然体なユンタクは,まさに「腹側」の雰囲気に包まれていた。最新のアメリカの心理療法や仏教,沖縄文化など様々な話に華が咲いた。大谷先生の叡智に触れ,津田先生が珍しく無邪気に興奮する様子を拝見できたのは非常に貴重であった。津田先生ご自身でもおっしゃられていた通り,大谷先生に憧れていることがひしひしと伝わってきた。大谷先生に引けを取らないほどの津田先生の各方面の博識さにいつものことながら驚かされた。大谷先生も沖縄文化にとても関心を示されていた。大谷先生のご自宅の書斎をzoom越しに拝見させて頂くこともあり,貴重な体験であった。また,お互いに最近ハマっているYouTube動画などを共有したりもした。大谷先生は,心理界の泰斗であられるのに,とても気さくで,私のことをいつも気遣ってくださった。治療者にとっても必要な人間的魅力について関わりのなかで学ばせて頂いた。

本書の表紙のデザインは，沖縄のミンサー織りの柄をあしらっている。ミンサー織りの柄とは，琉球王朝時代から伝わるもので，かつては女性が婚礼相手に贈るものであったと言われている。五つと四つの模様からなっており，現代の沖縄でも「五（いつ）の四（世）までも末永く幸せに」という意味合いで使われている。世の中には，数百の心理療法がある。そして，これからも数多の技法が出てくるであろう。「五（いつ）の四（世）も」をかけて，治療関係が重要であることを強調しようとするコンセプトである。

　本書が，お二人のプロカウンセラーが奏でる対話を通して，心理療法における治療関係を有効にする在り方について再考する機会になればと思う。

2024 年 8 月
旧盆の準備に活気づく沖縄より
大城由敬

目　次

序文　*iii*

第1章　治療関係に役立つ臨床, 要因, 催眠, マインドフルネス そしてポリヴェーガル理論（大谷　彰）…………………… *1*

心理治療における画一前提神話　5／心理治療の効果を作用する3大要因　6／臨床催眠における治療関係　20／マインドフルネスにおける治療関係　23／スキル上達について　30／結語にかえて　36

第2章　心身の安全感とリソース ～エリクソニアン・ポリヴェーガル !?（津田 真人）…… *39*

はじめに　41／1. ポリヴェーガル理論を振り返る～自律神経の3段階論　42／2. ポリヴェーガル理論の臨床応用の核としての「安全」　68／3. ポリヴェーガル理論からエリクソニアン・アプローチへ～「安全感」のセラピーと「リソース」のセラピー　87／4. エリクソニアン・アプローチからポリヴェーガル理論へ～ストレス・トラウマからの治癒プロセス：「安全」の拡充の営み　115／おわりに　128／註　129

第3章　対談（大谷　彰×津田 真人）……………………… *135*

交響のなかの共通点と相違点　137／セラピーにおけるケアリング　140／ポリヴェーガルとマインドフルネス　142／安全感と記憶の再固定化　145／安全感とリソース　147／催眠とは何であったか　149／ちがいというリソース　152／リソースを観察する力　153／リソースの射程　157／観察とは愛情表現である　160／彼らも失敗した！　161／エリクソン神話を超えて　162／ニューロセプションの誤作動と投影・逆転移　165／セルフコンパッションとしての「ブレンド」　168／愛とあそび　173／西洋的要素と東洋的要素　176／ポリヴェーガル流行の深層　183／社会的関わりの3つの水準　184／質疑応答　188

●補遺：対談後のユンタク………………………………… **211**

「ブレンド」のメカニズム　211／ポージェスとジャネ　213／エビデンスを取りにくいところで大事なことが起こっている！　214／ジャネ・催眠・トラウマ　216／ニューロセプションとサブセプション　218／認知派の心理療法と身体派の心理療法　219／内受容感覚の意義　221／ニューロセプションの誤作動とスキーマの歪み　223

参考文献　226／あとがき　235／索引　242

第 1 章

治療関係に役立つ
臨床, 要因, 催眠, マインドフルネス
そしてポリヴェーガル理論

大谷　彰

司会（大城）：皆さん，こんばんは。本セミナーは大谷，津田セミナー沖縄事務局主催，沖縄トラウマケア勉強会共催による「治療関係がセラピーを有効にする〜エリクソン，ロジャーズ，ポリヴェーガル理論の交響〜」をテーマとするセミナーです。

この動画は大谷彰先生によるご講義「治療関係に役立つ臨床，要因，催眠，マインドフルネスそしてポリヴェーガル理論」になります。講師はメリーランド大学カウンセリングセンター終身フェロー，ウェイポイント・ウェルネスセンター・シニアサイコロジストの大谷彰先生です。

大谷先生はマインドフルネスや催眠などの学会でも数多くご講義されており，著書も出されております。またトラウマ・ケアにも造詣が深い著名な先生ですので，すでにご存知の方も多いかと思います。私の方もこの講義を通して皆さんと一緒に学べることを楽しみにしております。それでは，大谷先生よろしくお願いします。

ありがとうございます。アメリカ・メリーランド州の大谷彰と申します。今回は大城先生のお計らいでポリヴェーガル理論をはじめ，幅広い分野で活躍されておられる津田真人先生と一緒に対談させて頂く機会を設けて頂き深く感謝しております。今回の研修に先立ち，いろいろと考えました。まず私の経歴からお話ししましょう。私は大阪で生まれ育ち，生粋の浪速っ子です。日本の大学を卒業すると同時に若気の至りから海外に飛び出し，アメリカにやってまいりました。そして以前から関心のあったカウンセリング心理学を大学院で学ぶことにしました。ちょうど認知行動療法（Cognitive Behavior Therapy）が認められ始めた頃です。同時にJ・ヘイリーが1973年に『アンコモンセラピー』を出版し，これによって催眠，特にミルトン・

エリクソンのアプローチに関心が高まりつつある時代でした。この本は高石昇・宮田敬一先生によって同じタイトルで翻訳されています［ヘイリー 2001］。こうした機縁から大学院では認知行動療法と催眠という，一見かけ離れたアプローチに専念することになったのです。とは言え，日本ではカール・ロジャーズに傾倒していたので，結果としてロジャーズ，ミルトン・エリクソン，加えてアルバート・バンデューラやアーロン・ベックなど初期認知行動療法家のアプローチを修めることになりました。アメリカでは多様な理論の修得と実践訓練がともに重視され，大学院の博士課程を修了するには 2,000 時間のインターン制度による実習が必要です。インターン経験によってちがったアプローチを専門にする多くの先生方から個人スーパービジョンを受け，この理論はこういう風に実践で応用するんだよとデモンストレーションやロールプレイなどを通じて具体的に教えて頂いたのは極めて幸運でした。後に臨床スキルを教えるようになったとき，理論と実践の統合を心がけたのはこれが大きく影響しています。

　幅広い理論とアプローチを学んで一つ重要なことに気づきました。それは**全ての心理治療には信頼と共感に満ちた治療関係が必要であり，これがなければどのようなセラピーでも効果は上がらない**ということです。この体験から今日は治療関係に焦点を絞り，ポリヴェーガル理論の第一人者である津田先生と心理治療のエッセンスについて掘り下げてみたいと思います。そして催眠とマインドフルネスについてもこの視点から考察を加えることにします。

心理治療における画一前提神話

　治療関係について論じるにあたり，まず画一前提神話から始めたいと思います。皆さまもすでにご存じのように，近年は心理領域でもエビデンスが叫ばれるようになり，治療の効果を実証することが求められるようになりました。これは好ましい現象です。よく耳にする「心理療法は抑うつ障害に効きますか？」といった類の質問はこれを表しています。一昔前なら，治療者によっては「私はこれまで多くのクライエントを治した実績と経験があるから安心しなさい」などと返答することもあり得たでしょう。しかし現在ではそうもいきません。臨床データに基づいたエビデンスをしっかりと認識していることが必要とされるからです。現にアメリカでは保険会社から，「あなたはこのクライエントにしばらくセラピーを行っているが，どのようなアプローチを用いているのか。またそれが奏効しているというデータを提供してください」などといった連絡を受けることがあります！　アメリカ式の合理主義といってしまえばそれまでですが，クライエントを一人の消費者とみなす良識に富んだ立場です（もっとも保険会社にしてみれば，効果の確立されていない治療法などには保険金は払わないという考えでしょうが！）。

　しかしここで一つの疑問が生じます。もし皆さんが「抗がん剤はがんに効きますか？」と質問されたら何とお答えになるでしょうか。「ちょっと待ってください。どのようなタイプのがんですか？　進行状態は？　患者の年齢，病歴，容態は？　主治医の見立ては？　抗がん剤のタイプ，回数，量は？　云々」

など数々の情報をまず収集するでしょう。なぜなら具体的な情報なしには理にかなった回答ができないからです。同じことは心理治療にも当てはまります。残念なことに心理療法は近年マニュアル化される傾向にあり，これに従うことによって誰が治療を行っても同等の効果が期待できるとみなされる傾向にあります。これが画一前提神話（the uniformity myth assumptions）です [Kiesler 1966]。これは私が〈チャート式応答〉や〈でも・しか応答〉と呼ぶ弊害をもたらすのですが，これについては後述します。

　画一前提神話は「クライエントの問題はアプローチや支援者の能力に関わらず，誠意をもって接すれば必ず解決する」と善意に解釈することも可能ですが，これはあくまでも神話に過ぎません。なぜなら心理治療の効果は3要因，すなわちクライエント要因，セラピスト要因，そして今回詳しく論じる治療関係要因，によって大きく作用されるからです。以下，これらの要因を一つひとつ詳しく見てゆきましょう。

心理治療の効果を作用する3大要因

クライエント要因

　有効なセラピーに貢献する最初の条件はクライエント要因です。これは**見立て**に関わります。ここで誤解してはならないのは見立ては**医学的診断ではない**ということです。診断とはクライエントの悩みに基づいて医学的な疾患を特定する作業を指します。これに対して見立てはクライエントの問題がいつ，どこで，どうした状況で起こるのか。初回，直近，最悪の症状はどのようであったのか。この問題にこれまでどう対処したのか。

過去に同じ問題が生じなかったり，ひいては例外的な解決策を見つけたことはあったのか。その場合，疾病利得，すなわち症状改善にまつわる不便な出来事はあったのか，云々についてのアセスメントを行います。『甘えの構造』で有名な土居健郎は見立てを：

「見立ては診断的なものを含んでいるが，しかし単に患者に病名を付すことではない。それは断じて分類することではない。それは個々のケースについて診断に基づいて治療的見通しを立てることであるとともに，具体的に患者にどのように語りかけるかを含むものであって，きわめて個別的なものである」［土居 1996］。

と明確に解説しました。

先に疾病利得という概念を紹介しましたが，この一例を挙げましょう。アメリカでは肥満が蔓延化しており，セラピーを求める方が増えています。私のクリニックを訪れた一人の女性のクライエントは単独で減量にチャレンジし，数年をかけて100kgほど体重を減らすことに成功しました！　しかし悲しいかな，残念なことに数か月後また元の体重に戻ってしまいました。そこでセラピーを受けに私のところにやって来られたのです。見立ての段階で，「体重減量が成功したとき，逆に何か困ったことはありましたか？」と尋ねたところ，「はい，減量する度に新しい服を買わねばならず，お金がかかってしょうがなかったです。それともう一つ苦労したのは太っているときには男性からあまり声をかけられることはなかったのですが，スリムになるとちやほやされて，正直どう返答していいかわから

ず悩みました」と答えられました。これが疾病利得の一例です。問題が解決することによって，それまで気にする必要のなかったことを前もって査定することは見立ての重要な一部であり，医学的な診断では通常なされません。これらを要約すると見立てとは単にクライエントの問題だけに集中するのではなく，一個人に関わる問題を多角的かつ総合的に理解するということです。

　私の臨床催眠の恩師はミルトン・エリクソンに40年間にわたり師事したK・トンプソンという歯科医の先生です。エリクソンの絶大な信頼を得てアメリカ臨床催眠学会の会長を務めたほか，彼が亡くなるとき，家族以外で寝室で看取ることを許された数少ない一人でした。エリクソンは若かりし頃，自宅を開放して患者を診ていたので，トンプソン先生は多くの患者に出会い，直接話を聞くことができたそうです。あるとき先生に，「患者さんたちはミルトン・エリクソン博士のことをどう思っていたのでしょうか」と尋ねたことがありました。トンプソン先生は即座に，「今ではエリクソンと言うと，やたら間接技法や彼のトランス誘導テクニックに関心を持つ人が多いけれど，私が出会った患者さん達は皆口をそろえて『なんと物わかりのいい先生だろう！』って言っていたわよ」と仰いました。エリクソンは患者の全人格を理解し，尊重していたのです［大谷 2002］。

　クライエントを一人の個人として関心を持つ。その人物の生い立ち，家族構成，家族関係，性格，対人スタイル，趣味，思考などあらゆることに関心を抱き理解に努めるのです。これに基づいて，クライエント一人ひとりの人格と個性に合わせたアプローチを探し，熟練したスキルで応用する。これがセラピー

の効果を上げるのです。クライエントのリソースをフルに理解する。これがクライエント要素の意味するところです。

セラピスト要因

治療効果を促進させる2番目の要因は我々セラピストです。クライエントを一人の人間として理解し尊重するということに加えて，セラピストはクライエントのニーズに応える知識と運用能力を備えていなければなりません。運用能力は英語でコンピテンス（competence）と呼びます。クライエントの問題解決を可能にする実践力と言ってよいでしょう。運用能力はクライエントの問題に関する臨床知識（例：トラウマ反応，愛着障害，摂食障害など）も含みます。こうした知識は見立てでクライエントを理解し，共感を示すうえでも極めて重要です。**臨床知識と実践スキルが運用能力の二本柱**です。

臨床スキルについては治療関係の構築を主眼とする**基本スキル**と，個別の障害や問題の解決をねらいとする**特定スキル**の2種類をしっかりマスターせねばなりません。基本スキルはクライエントの発言やボディランゲージから真意をくみ取り，それを自分の言葉で表現することによって治療プロセスを促進させることがねらいです[*1]。基本スキルによってクライエントはセラピストの共感を体験し，これを基盤として自己理解を深め，問題解決，意思決定，現実肯定を図ります。これに対して特定スキルは個別の障害，例えば不安，抑うつ，トラウマ，不眠などに整合させる，エビデンスによって確立されたテクニック

---

*1 基本スキルは傾聴，感化，非定形型の3種類から構成され，これらの理論と実践については具体例を挙げて大谷［2004，2019］で詳述しました。

やアプローチです。例えば CBT や EMDR，催眠，リラクセーション，森田療法，精神力動的アプローチ，マインドフルネスなど多種多様です。基本スキルと特定スキルの知識と実践に慣れ親しみ，臨床場面でタイミングを捉えて，それらを巧みに活用する。これがセラピスト要因になります。ミルトン・エリクソンは「セラピーのやり取りを通じて，患者が『なるほど，今までそんな風に考えたり，行動したことはなかった』と感じることが重要だ」と述べましたが，これがセラピスト要因のもたらす効果の一つです。

　いかなる支援においてもセラピストは**傾聴が常に基盤となる**ことを銘記しなければなりません。ときたま，「単にクライエントの話を聞くだけでいいんですか」と尋ねられることがあります。これは傾聴の本質を見落とした質問です。なぜなら「単に」と「聞くだけ」という表現にはクライエントに対して「ふんふん」と頷いていればいいのか，さらにセラピストの役割はクライエントの悩みの解決につながるアドバイスを与えることだ，というニュアンスが行間から窺えるからです。いずれも全くの誤解です。

　セラピーにおける**傾聴とはクライエントと治療者の間で交わされる情報のキャッチボール**です。

　もう少し具体的に解説しましょう。傾聴の第一はまず**クライエントの発言に込められた真意を理解する**ことだと述べました。〈クライエントは今，何を言わんとしているのか？　何をわかってもらいたいと願っているのか？〉を正確に汲みとるのです。これに基づいて，セラピストは次に**把握した情報を自分の言葉でクライエントにわかりやすく，的確にフィードバック**します。つまり〈今おっしゃった内容・感情・記憶などはこう

いったことでしょうか〉と確認するのです。この時点でクライエントが，「そうです，そのとおりです」と返答してはじめて傾聴が成立したことになります。**クライエントの真意を読みとり，自分の言葉でクライエントに投げ返す。これの繰り返し**です。傾聴がキャッチボールだということがおわかり頂けるでしょう。

　傾聴では単に発言だけでなく，時と場合，必要に応じてクライエントがいまだ言語化できないでいる〈微妙な〉感情や思考，価値観などもフィードバックします。例えばクライエントが「今日は仕事に追われくたくたになりました」と述べたとしましょう。この場合，クライエントの言葉のみを捉えて「疲れ切ったのですね」「大変な一日だったのですね」などと応えることも可能です。これに対して，「家に帰ってひと風呂浴びて，早く横になりたいですね」と返答すれば，クライエントが内心期待しているであろうことについてコミュニケートすることになります。こうした傾聴のやり取りからクライエントが，「はい，まさに仰るとおりです！」と同感を示したときの手応えはセラピーの醍醐味です。

　臨床スキルはツールであり，**目的に応じて意図的に選択する**のが原則です。クライエントとの対話の一瞬一瞬において，〈次の発言では何に焦点を絞りたいのか〉，〈クライエントにとって何が助けになるだろうか〉といったことを絶えず念頭に置き，これに基づいて適切なスキルを逐次選ぶのです。大工さんが目的に応じて鋸（のこぎり）や金づち，鉋（かんな）などの道具を使い分けるのと同じです。この意図性を無視してパターン化されたスキルを繰り返したり（チャート式応答），その場しのぎのワンパターンの返答（でも・しか応答）を行うことは支援プロセスを滞らせ，

12

悪影響を及ぼすことになるので絶対に避けねばなりません[*2]。

〈チャート式応答〉の具体例を挙げましょう。これは実際の
ケースです。クライエントは30代半ば，IT関係で仕事をされ
ておられる方です。最近どうもその仕事がうまくいかない。係
長に昇進して部下を7～8人持ったが，対人関係のトラブルが
絶えず悩みこんだ。こうしたことから抑うつ状態に陥り，セラ
ピーを受けに来られました。見立てから始め，相談を進めるう
ちにクライエントは極端に厳格な家庭に生まれ，父親から〈ス
パルタ教育〉を受けたことが明らかになりました。徹底的に厳
しく躾けられ，文句や叱責は日常茶飯事であったが，褒められ
たり，優しい言葉をかけてもらったことは一度もなかった。あ
るとき，たぶん小学校1年か2年の頃，足の指に魚の目ができ
た。あまり痛いので，父親に「足にできものができて歩けな
い」と言ったら，「ちょっと見せろ。これは魚の目だ。今晩治
してやる」と言ったそうです。夕方，父親が帰宅すると，「風
呂場で足を温めてこい」と命じた。10分ほどして出てくると，
母親にクライエントの足を押えつけさせ，裁縫ばさみでその魚
の目を切り始めたのです！　激痛と出血を見た恐怖からクラ
イエントが泣き出すと，父親は，「何を泣いている，そんなに
女々しいともっと深く切るぞ」と叱りつけました。これを聞い
たセラピストは，「お父さんはスパルタ教育という名目で，実

＊2　〈チャート式応答〉〈でも・しか応答〉はこれまでのスキル教育と訓練
　　から筆者が名づけた用語です。〈チャート式応答〉とは数学の参考書と
　　して名高い数研出版が「学習の羅針盤（chart）」と銘打って定着させ
　　た方法論のことで，〈このパターンにはこの解法〉をモットーとします。
　　一方，〈でも・しか応答〉とはクライエントの問題やニーズに関わらず，
　　いつも同じアプローチを繰り返し用いる（EMDR しか使わない），どう
　　対応してよいかわからずその場で無差別にテクニックを選ぶ（CBT
　　でも使ってみるか）というパターンです。

第1章　治療関係に役立つ臨床、要因、催眠、マインドフルネスそしてポリヴェーガル理論　**13**

際にはドメスティック・バイオレンス（DV），子どものあなたを虐待したんですね」と指摘しました。この言葉を聞いたクライエントは唖然とし，「そうか～親父はスパルタ，スパルタと言いながら，実は子どもの僕を虐待したんだ」と叫んで号泣しました。30秒ほどしてティッシュを取り，涙に濡れた顔を拭き，やっとセラピストに目を向けました。このとき，皆さんならどのように返答しますか？

　最も典型的な答えは，「これまでスパルタ教育と信じていたのが実はDVであったと気づいて，ショックのあまり涙が止まらなかったのですね」といった類の返答です。これは間違いではありません。アメリカの臨床スキル訓練で活用される，トゥルアックスとカーカフの公式（the Truax and Carkhuff formula）という〈クライエントの体験を要約し，それに感情を付け加える〉というスキル訓練の公式に従っているからです（チャート式応答です）［Truax & Carkhuff 2007］。5段階を最高とする公式の3に当たり，クライエントに悪影響は与えないでしょう。しかしここで注目せねばならないのは，クライエントが虐待の事実に初めて直面し，30秒ほど泣きじゃくった。そうして何とか気持ちを持ち直し，やっとセラピストを見つめることができた，という点です。この非言語(ノンバーバル)行動に込められたクライエントの心境はどのようなものでしょうか。これをクライエントの発言と整合させて慎重に察知し，それをコメントに反映させるのが傾聴です。治療に携わったセラピストはこのとき，クライエントに優しい眼差しを注ぎ，「は～っ」と大きくため息をつきました。これを聞いたクライエントは自らため息を吐き，「全くそのとおりです」と言いました。見事な傾聴です！[3]

────────────
＊3　この症例については大谷［2017, p. 61］でも紹介しました。

14

　さて再び〈チャート式応答〉の問題に戻りましょう。この事例を授業や研修で紹介すると，「クライエントが泣いたら，泣き止むのを待って，そのときに『は〜っ』とため息をつけばいいのですね」というコメントがよく出ます。こうした発言にはこう反応するべきだ，というパターン学習の弊害です。スキルを上達させたいというモチベーションには敬意を払いますが，公式化された返答は所詮ワンパターンであり，真意を欠くので効果はあまり期待できません。**セラピーにおいてはその場の状況を絶えず共感的に把握し，それに最も整合する応答を選んでクライエントに伝える**。これが傾聴に基づいたスキルの活用です。

　多種多様なスキルのなかで一番難しいのは，私の経験から言うと沈黙を保ち，それを活用するスキルです。誤解のないように明記しておきますが，この場合，クライエントにどう反応すればよいかわからず，仕方なく沈黙するのではありません。セラピストの発言を聞いたクライエントが沈思黙考し，しばらく何も言わずにいる。この状況において余計な質問をしたり，アドバイスを与えたりせず，クライエントとともに沈黙を共有するのです。カール・ロジャーズは「私は沈黙を聴くことができる」と言いましたが [Rogers et al. 1967]，私は催眠誘導の訓練から沈黙を観察することを学びました。セラピスト要因には常にスキルの練習に励み，上達を志すことが欠かせません。

　治療関係要因

　ポリヴェーガル理論。さて治療効果を増幅させる3番目の要因はポリヴェーガル理論と大きく関わる治療関係です。ポリヴェーガル理論については津田先生が詳しく解説しておられるので，ここでは治療関係の視野から要約しておきたいと思いま

第1章 治療関係に役立つ臨床，要因，催眠，マインドフルネスそしてポリヴェーガル理論　　15

す。ポリヴェーガル理論は従来の交感神経（the sympathetic nervous system）と副交感神経（the parasympathetic nervous system）の二本立てによるストレス反応の概念を大胆に改革しました。いわゆる交感神経によって〈闘争か，逃走か，（fight or flight）〉と呼ばれるストレス反応が発生し，副交感神経によるリラクセーション反応が機能してこれが治まるというモデルです。きっぱり線引きされた二重構造のアプローチです。

　これに対し，ポリヴェーガル理論は副交感神経を背側型（背側迷走神経複合体 the dorsal vagal complex：DVC）と腹側型（腹側迷走神経複合体 the ventral vagal complex：VVC）に細分し，これに従来の交感神経を加えた三重構造に再構築しました。発生学視座からは背側型が最も原始的で，凍りつき（フリーズ）や不動といった反応が生じます。いわゆる〈蛇ににらまれた蛙〉はこれの典型です。人間を含む哺乳類の場合でも同様のことが起こり，トラウマなどで生じる文字通り〈腰が抜けた〉り，〈気を失う〉といった〈受動的〉な反応です[*4]。この知見によって従来の交感神経−副交感神経の二重理論では説明のつかなった現象を解明することができるようになりました。発生段階でこれに続くのは交感神経です。これによる反応が〈闘争か（ファイト）〉〈逃走か（フライト）〉であることは前述したとおりです。津田先生がご指摘されるように極めて〈能動的〉な反応です。

───────────────────

＊4　津田先生はポリヴェーガル理論の最新知見から凍りつき（フリーズ）は交感神経と背側迷走神経，失神など虚脱反応は背側迷走神経オンリーと解説しておられます。またPTSDではこうした反応は身体表現性解離と呼ばれます［Nijenhuis 2001］。

発生学的に最も進化した，最後の腹側型はポリヴェーガル理論のエッセンスとも言うべきもので，これは良好な対人関係を基盤にしています。これを〈社会的関わりシステム〉(the social engagement system) と呼びます。このシステムは安心・安全感を促し，この体験によってストレスが緩和され，心身の健全（ウェルビーイング well-being）を図るのです。対人関係は表情，頭部の動き，声の調子などによって意味づけられることが中心となることから，横隔膜より上をコントロールする迷走神経が大きく関わります [Porges 2001]。笑顔，優しい眼差し，温和な口調が我々の心を落ち着け，リラックスさせるのはこの腹側型の機能によります。

　しかしながら対人関係は必ずしも安心・安全感をもたらすとは限りません。状況によっては危険や恐怖を伴うことも十分にあり得ます。したがって我々は他者と接したとき，この状況は果たして安全か，否かを瞬時に判断することが不可欠となります。これには〈ニューロセプション neuroception〉が関与します。ニューロセプションは神経生理的な〈無意識〉の反応で，乳児が母親に抱かれると喜ぶのに対し，見知らぬ他人が近寄ると泣き出すことがこれを表しています [Porges 2004]。このように考えると我々は常に安心・安全感を確認し，それが確保されない場合，凍りつきや不動（背側型）もしくは闘争／逃走（交感神経）といった反応が起こることになるのです [Porges 2004]。

　社会的関わりが治療関係要因と密接に関与することは改めて繰り返すまでもありません。**クライエントとセラピストの間の信頼関係（ラポール）はまさに二者間の社会的関わり**です。トラウマの理解と治療に大きな貢献をしたジュディス・ハーマンは我々は孤独なときに安心・安全感を得ることはできず，独り

では苦しみの意味を見つけることはできない，と述べています [Herman 2023]。我々は集団に属し，社会的な営みをする存在です。毎日の生活において安心感を覚え，信頼のおける家族や友人，同僚との関わりは命の綱となるのです。このように考えると，心理治療に携わるということは**クライエントの社会的関わりシステムの重要な一員となる**ことであり，彼らの**ニューロセプションに安全に映る存在になる**ことに他ならない，ということが理解できるでしょう。

　心理治療とは対人関係を基盤にするプロセスです。セラピーでは逐次，適切なスキルを意図的に選択活用し，特定のゴールを念頭に置きながら治療を進めてゆくプロセスだと言いました。これはセラピストとクライエント間の信頼があってはじめて可能になります。これが治療関係要因の本質です。

　ロジャーズの３原則。ポリヴェーガル理論では社会的関わりが重視され，これには腹側型の迷走神経が関与します。これを臨床見地から俯瞰してみましょう。まずロジャーズの３原則を思い出してください [Rogers 1957]。よく知られた〈自己一致（congruence）〉〈無条件の肯定的配慮（unconditional positive regard）〉〈共感的理解（empathic understanding）〉です。第一の自己一致とはセラピーの一瞬一瞬において治療者が自己の内面体験をありのままに受け入れることです。これはマインドフルネスそのものです。二番目の無条件の肯定的配慮とは難しい表現ですが，その真意はクライエントに対する人間的な温かさであるとロジャーズは説明しています [ロジャーズ&ラッセル 2006]。クライエントに対する思いやりです。最後の共感的理解とはクライエントの立場に立って現実を眺め，そのインパクトを言語化してコミュニケートすることです。これによってセ

ラピストはクライエント自身がはっきりと気づかず，漠然とした事柄についても言及することが可能になることはすでに述べました（セラピスト要因参照）。

心理治療の実践における〈自己一致〉〈無条件の肯定的配慮〉〈共感的理解〉の3原則はクライエントに安心と安全感を与えます。クライエントは「セラピストと一緒にいると安心だ，心強い」と感じることによって，心身のリラックスが生じます。これがポリヴェーガル理論の〈社会的関わり〉による〈安全空間（the Window of Tolerance）〉です。クライエントとセラピストの対人関係が個人的な〈社会的関わり〉となり，腹側迷走神経複合体が機能するのです。この3原則が果たしてロジャーズが主張したように心理治療の「必要かつ十分（necessary and sufficient）」な条件か否かについてはいまだ議論がかもされていますが［Cuijpers et al. 2019；Wampold 2015］，少なくともこの3条件は心理や医療をはじめとする，いかなる対人支援においても不可欠であることから「共通要素（the common factors）」と称されています。合理的な反面，人間味に欠け，ややもすれば「上から目線」となりがちな医学的アプローチとは決定的に異なるスタンスです。

社会影響力。ロジャーズの3原則は心理治療における共通要素として確立されており，心身の安全空間を生み出します。愛着理論ではこれを〈心の安全基地（the secure base）〉と呼びます［Bowlby 1988=1993］。ロジャーズの3原則はセラピストに課される役割ですが，クライエントはこれをどのように体験するのでしょうか。これについては社会影響理論（the social influence theory）の知見が参考になります。社会影響とは個人の行動や態度がいかなる対人関係要素によって影響されるか

を検証する社会心理学の概念です。この概念は早くから心理援助プロセスに適用され，スタンリー・ストロングは〈熟練性（expertness）〉〈信頼性（trustworthiness）〉〈人間的魅力（attractiveness）〉の3要素をセラピーにおける社会影響力として特定しました [Strong 1968]。

　ここで見落としてならないのは，これらはいずれも**クライエントが治療者に対して抱く印象**であり，これが**治療効果に大きな影響を及ぼす**ということです。要するに，「自分は腕のいい（熟練性），頼り甲斐のある（信頼性），尊敬できる（人間的魅力）セラピストに診てもらっている」とクライエントが感じることによってセラピーの効果は上がるのです。先にミルトン・エリクソンの患者が口をそろえて「何と物わかりのいい先生だろう！」と称賛したと述べましたが，これは彼が社会影響要素を体得していたことを裏づけています。彼の催眠治療は単にスキルだけでなく，この要素が大きく影響していたのです。治療プロセスにおいては安心・安全感に加えて，セラピストが醸し出す社会影響力が相乗し，これによってクライエントは困難を乗り越え，問題を克服してゆくことが可能になるのです。

　以上，治療効果に大きく作用するクライエント要因，セラピスト要因，治療関係要因について述べてきました。セラピーはこれらの要因が相乗的に機能して成功しますが，なかでも治療関係要因はポリヴェーガル理論と深く関わり合っています。では，次にこの要因を催眠とマインドフルネスの視点から検討してみましょう。

臨床催眠における治療関係

　臨床催眠，すなわち催眠を活用する治療では治療関係を確立させ，クライエントに暗示を与えて症状を改善させたり，問題の解決を図ります。困ったことにショー催眠などでは被験者に対して早口で一方的に暗示をまくし立てることから，臨床ワークでも治療関係などは全く問題にしないと考えられがちです。そもそも「催眠をかける」という表現自体，治療者が〈パワー〉を持ち，クライエントがそれに反応するといった〈パッシブ〉なニュアンスを含みます。これは間違いです。催眠反応の基礎研究と臨床応用の権威ディビッド・スピーゲルは，催眠とは「患者にかけるものではない（"not projecting on the patient"）」ことを強調し，クライエントに内在する癒しの要素を引き出し，それを問題解決にするのだと明言しました［Spiegel & Spiegel 2004］。要するに，**催眠治療はセラピストとクライエントの対話**（dialogue）であり，〈通常の〉セラピーと何ら変わるところがありません。唯一の違いを指摘すれば，治療暗示を施す前のトランス誘導では一部の例外を除いてクライエントが通常沈黙を保つことです。したがって臨床催眠では**沈黙するクライエントのボディランゲージを綿密に観察し，内的体験を正確に理解**する。こうして**クライエントに共感を示す**ことが最重要となります。先に，「私は催眠誘導から沈黙を観察することを学んだ」と述べたのはこのことです。「話し上手は聞き上手」という慣用句がありますが，催眠療法では「話し上手は観察上手」となります。

　催眠療法ではさらにクライエントとセラピストとの間にトラ

ンスを媒介とした特殊な親密性が生まれます。これは**蒼古的**
密着関係（archaic involvement）と呼ばれます [Diamond 1987]。
セラピストはクライエントの催眠反応（ボディランゲージ）を
つぶさに観察し，クライエントは治療者の暗示（言葉）に全神
経を集中する。これによって一種の〈心身の安全空間〉が生
じるとみなしてよいでしょう。エリクソンは，「治療面接にお
いて最も重要なことは治療者と患者の相互配慮と理解に基づ
くポジティブな感情，すなわちラポールの確立である」と述べ
[Erickson & Rossi 1979]，ラポールづけの目的で催眠誘導を行っ
たことがあらゆるケースに散見されます [Erickson 1980]。彼が
いかに治療関係の確立に配慮していたかが窺えます。

　こうした事実から催眠療法ではミルトン・エリクソンとカー
ル・ロジャーズの共通点が早くから指摘されました。ヒュー・
ガニソンは二人の用いる臨床技法が大きく異なることを認識し
たうえで，クライエントに対する共感，信頼関係の重視，思い
やり，人格の尊重といった態度は何ら変わるところはないと結
論づけました [Gunnison 1985]。また催眠訓練に大きく貢献した
コリドン・ハモンドはエリクソンの治療態度を，「ロジャーズ
の概念に当てはめるなら入念な傾聴，共感に満ちた返答，そし
てクライエントをありのままに受け入れ，見解を尊重したこと
である …… エリクソンの成功を見習うなら，彼の人間性と患
者に対する真摯な思いやりを身につけねばならない」[Hammond
1984] と力説しています。催眠治療は一見権威主義で高圧的な
イメージを伴いがちですが，これは全くの誤解であり，その基
盤はやはり治療関係なのです。

　エリクソン自身もこの事実を深く認識していました。あると
き，顔面にできた末期がんの激痛に苦しむ患者を催眠で何とか

治めてくれないかとの依頼がありました。「ジョー（仮名）」という患者でオピオイド鎮痛剤が効かず，研修医が催眠をトライしたが失敗に終わった。そこで最後の頼りとして主治医がエリクソンに助けを求めてきたのです。エリクソンは一晩考え，通常の催眠暗示ではなく，例え話に疼痛緩和の暗示を散りばめる（intersperse）という画期的なアプローチを考案し，これによって治療を成功させました。このアプローチは〈散りばめ法（the interspersal technique）〉と命名され，以降，疼痛緩和のみならず不安障害などに頻繁に活用されています［Erickson 1966］。

　催眠研修でこのケースを紹介すると「何と素晴らしいテクニックだ！　さすがエリクソン‼」などといった驚嘆が発せられますが，実はこの事例にはもっと重要な意味が込められています。原著論文に目を通すとエリクソンは散りばめ法の記述に先立ち，実は大きな懸念があったと述懐しています。ジョーにはオピオイド鎮痛薬すら効かず，経験の浅い研修医が催眠に失敗した。果たしてこの状況でジョーに催眠は役立つであろうか。一体自分に何ができるのであろうか。これを深刻に考えた挙句，彼は次の結論に達しました。

　筆者はジョーへの治療効果はほとんど期待していなかった。末期がんの状態もさることながら，大量に投与された鎮痛剤に対する副作用も明らかであった。こうした悲観的な見解にかられたが，一つだけ自分にできると確信したことがあった。それは一切の懸念を自分の胸のうちに秘め，態度，口調，会話の内容など全てを通して患者のことを真摯に考えている，何とか助けになりたい，ということであった。この誠意がほ

んのひとかけらでも彼に伝われば，ジョー，彼の家族，また病室にいる医療スタッフにとって少しの安らぎとなるであろう［Erickson 1966］。

エリクソンの膨大な著作のなかで，これは最も私の胸を打つ記述です。これがエリクソンという臨床家の真実であり，患者に対する支援思想を標榜しています[*5]。

マインドフルネスにおける治療関係

催眠において治療関係が治療の中心となることは明確ですが，次に催眠と比較されることの多いマインドフルネスについて考察してみましょう。これにはまずマインドフルネスについての定義から始めたいと思います。

マインドフルネスとは何か

マインドフルネスが仏教瞑想に源を発することは周知のとおりですが，現在臨床ツールとして人気の高いアプローチ（例：マインドフルネスストレス低減法 MBSR，マインドフルネス認知療法 MBCT など）はテーラワーダ（上座）仏教のアプローチを原型にしています。元来，仏教瞑想は注意の集中を行う〈止〉（サマタ samatha）と，知覚された事柄を正しく観察する〈観〉（ヴィパッサナー vipassanā）の2種類から成り立

[*5] 私の感想をエリクソンの娘の一人ベティ・アリス・エリクソンさんに伝えたところ，「父がこれを聞いたらきっと大喜びしただろう」と言ってくれました。さらに，患者の「ジョー」が日系アメリカ人であったと彼女から学び，以来ジョーとエリクソンにいっそうの親しみを覚えています。

ちます［蓑輪，2008］[6]。中国から伝来し，日本文化に根づいた
禅瞑想ももちろんこの形態を反映しています。臨済宗中興の祖
と呼ばれる白隠禅師が提唱した〈隻手音声〉の公案（「両手で
打てば音がするが，片手にはどのような音がするか」）に没頭
する瞑想は前者，曹洞宗道元禅師が唱えた只管打坐（ただ座る
ことになりきる）は後者に当たります。もっとも実践では両者
の線引きはそれほど厳密ではないのですが，近年ポピュラーに
なった，「注意を払う特定の方法で，意図的であり，現時点に
焦点を定めて価値判断を下さない」［Kabat-Zinn 1995］という〈ア
ウェアネス awareness〉を重視する定義が〈観〉に基づいて
いることは明らかです。これが欧米で人気を博し，日本に（逆）
輸入された現在のマインドフルネスです。

　ここで注意を要するのはアウェアネス，すなわち**単なる〈今，
ここでの気づき〉のみが必ずしもマインドフルネスではない**こ
とです。マインドフルネス（mindfulness）はパーリ語 *sati* の
英訳ですが，本来の意味は**〈今，心にある事象〉に注意を向け
る**ことで，アウェアネス以外にも〈記憶〉〈回想〉〈振り返り〉
といった意味を含む概念です[7]。漢訳ではこれに〈今〉と〈心〉
を組み合わせた〈念〉という文字を当てました。実に的を射た
訳出です！

　さらにマインドフルネスは**単に事実を認識（recognition）す
ることだけではない**，ということにも注意せねばなりません。
例えば職場で上司から小言を言われたとしましょう。このとき，

---

[6]　マインドフルネスの基礎概念と西洋および日本に紹介される経緯については大谷［2021］にまとめました。

[7]　*Sati* がマインドフルネスと訳され，本来の意味が曲解されるに至った過程についてはイギリスの仏教学者ルーパート・ゲッシンによる優れた論考があります［Gethin 2011］。

「またか，うるさいなぁ。こんなことを言われるといつも気分が悪くなる」という考えが生じたとします。これを認識することは比較的簡単です。難しいのはこの考えや気分が脳裏に浮かんだとき，それが〈快〉か，〈不快〉か，それとも〈快／不快のどちらでもない中立〉か，という言語化されない意識の働きの観察です。この瞬間的な，言葉にならない心理反応を仏教では感受（vedanā）作用と呼び，認知心理学のメタアウェアネス（meta-awareness）に当たります。**アウェアネスとメタアウェアネスを今ここで，同時に，ありのままの現象として観察する**。これが正しいマインドフルネスです[*8]。マインドフルネスの人気が高まるのは嬉しい反面，こうした微妙な誤解が生まれているので要注意です。

　治療観点から見るとマインドフルネスは心身相関（マインド・ボディ）アプローチのカテゴリーに属します［大谷 2023］。このアプローチの特徴は身体感覚に焦点を当て，それを活用しながら徐々に心理反応を調整し，治療を促進させることです。これは〈ボトムアップ型〉のメカニズムと呼ばれ，従来の〈トップダウン型〉のセラピーと大きく異なります。トップダウン型アプローチ，例えば精神力動的アプローチや CBT などでは〈洞察〉や〈認知作用〉を優先し，クライエントとの対話によって心理機能を改善させ，心身の安定と症状緩和をねらいとします。2つのアプローチはそれなりに効果のあることがエビデンスによって確認されていますが，トラウマや PTSD に

[*8] テーラワーダ仏教僧のニャニャポニカ長老は仏教瞑想の入門書として有名な *The Heart of Buddhist Meditation* のなかでメタアウェアネスの観察を bare attention（思考作用を介入しない気づき）と表現しています［Nyanaponika 1962］。これは『善の研究』で名高い西田幾多郎の〈純粋体験〉と同義です［西田 1950］。

対してはボトムアップ型の優位性が認められています。これに関してはPTSD治療の第一人者ベッセル・ヴァン・デア・コークが『身体はトラウマを記録する～脳・心・体のつながりと回復のための手法』のなかで詳しく考察しました［Van der Kolk 2014=2016］。

マインドフルネスと治療関係

ではポリヴェーガル理論が説く安心や安全感，治療関係の本質などについてマインドフルネスはどう捉えているのでしょうか。これには仏教が教える**四無量心**（*brahmavihāra*）が大変参考になります。四無量心はあまり聞きなれない仏教用語かもしれませんが，〈慈〉〈悲〉〈喜〉〈捨〉からなる4つの徳目です。テーラワーダ仏教学者の片山一良はこれを，「親が子に対するように，生きとし生けるものに対して無量の心を起こすべきである。害意のない慈しみの心を起こし，念じる」ことと説明しています［片山 2007］。四無量心は仏教教義の中核であり，日本文化がいそしんできた慈悲がこれを裏づけています。

慈悲という言葉は〈慈悲深い〉という表現などから〈他者に対する思いやり〉などと単一概念だと思われがちですが，厳密には〈他者に安らぎと喜びを与える〉（慈 *mettā*），および〈他者の苦しみや悩みを除く〉（悲 *karuṇā*）ことが本来の趣旨です。これに〈他者の喜びを我がことのように喜ぶ〉（喜 *muditā*），そして〈いかなる状況においても心の平静を保つ〉（捨 *upekkhā*）が加わって四無量心となります。これらの四要素が治療関係におけるクライエントへの思いやりと共感であり，ポリヴェーガル理論が重んじる心身の安全空間の芽生えにつながることは一目瞭然でしょう。

第1章　治療関係に役立つ臨床, 要因, 催眠, マインドフルネスそしてポリヴェーガル理論　27

　すでにお気づきかもしれませんが, 四無量心の**捨はマインド フルネスによる心の安定**です。常に**自分を取り巻く環境, それ が自己に及ぼす影響に絶えず気づきを促し, これに固執しない 態度**です。これはまさにロジャーズが提案した自己一致に他な りません。治療プロセスでクライエントが消極的な態度を示し たり, 好意的でない発言をした場合, セラピストはそれを認識 し（アウェアネス）, それが引き起こす心理／身体的反応を冷 静に観察します（メタアウェアネス）。このマインドフルな態 度を保ち, そのときの気分や感情に惑わされず, 平静を保ちな がら援助を続ける[*9]。これがロジャーズの3原則に記された 自己一致であり, マインドフルネスに基づく態度であることが 了解できます[*10]。

　四無量心を応用するマインドフルネスは**ラビング・カインド ネス／慈悲瞑想**（Loving-kindness/compassion meditation）と 呼ばれます。文字通り〈慈〉と〈悲〉を活用するマインドフル ネスです。実践では自己, 家族／親友, 知人／知り合い, 他者, そして嫌悪する人物を段階的にイメージし, その人たちの幸福 と苦しみの除去に集中します [Hofmann et al. 2011]。嫌いな人物 に慈悲の心を持つことが極めて困難なことは容易に理解できま すが, これまでの体験から自己に対しても思いやりを示し, 許 すことのできないクライエントの多いことには驚かされました。 この方法は〈止〉, すなわち注意集中を基盤とするマインドフ

＊9　これは逆転移への効果的な対応です。精神分析的療法の対象関係論で はこうした〈捨〉による方策を投影性同一視（projective identification） による方法論として論じています [Waiswol 1995]。

＊10　ロジャーズは晩年, 統合失調症患者とのセラピー体験から3原則のな かで自己一致を最も重視するようになったと述懐しています [Rogers et al. 1967]。

ルネスで，あるがままの気づきを中心とする〈観〉の MBSR
や MBCT などとは若干異なります。

　四無量心を語るたびに，私はこの１月に亡くなった愛犬シャ
ドーのことを想い出します。満 14 歳 11 か月でした。シャドー
はラブラドールと雑種の血の混ざった黒い雌の捨て犬でした。
シェルターに連れてゆかれ保護されたのですが，いくら待って
も引き取り人が見つかりません。職員の話ではシャドーのよう
な黒い犬は一般に引き取り人が見つかりにくく，このままだと
殺処分になるだろうとのことでした。これを知った私の友人が
それは余りにも可哀そうだと思いアダプトしたのです。これで
一見落着したのですが，残念ながらその友人も３年後面倒が見
切れなくなりました。この結果，私が引き取ることにしたので
す。

　捨て犬だったので生後しばらくの詳しい経緯はわかりません
が，トラウマ体験のあったことは確かで，シャドーは最初いつ
も怯えて逃げまくっていました。１か月ほど経ち，ちょっと気
を許すようになったとき，「シャドー，お前は何の罪もないの
に不運な環境に生まれ，命まで落としそうになったんだね。こ
んな悲惨なことはこれからは絶対に起こらないからね。これま
での代わりに最高に素晴らしい，幸せな人生を送るようにして
あげるからね」と約束しました。当初は一進一退の繰り返しで
したが，毎日世話をしながら一緒に散歩し，時間があれば話し
かけ，寝るときには頭から足まで毎晩撫でてやる生活を繰り返
すうちに少しずつ信頼が芽生えました。しっかりと確立される
まで２〜３年かかったと思います。こうして 11 年余り一緒に
過ごしました。

　私が仕事を終えて帰宅すると，シャドーは必ずドアまでやっ

第1章　治療関係に役立つ臨床,要因,催眠,マインドフルネスそしてポリヴェーガル理論　　29

愛犬シャドー(2009/2/14 – 2024/1/14)と(筆者撮影)

て来て尻尾を振りながら嬉しそうに私を迎えてくれました。飼い主にとっては至高の瞬間です。犬は人間の感情に敏感ですが,子犬のときに捨てられ,シェルターの檻のなかで独りで過ごすという過酷なトラウマ体験をしたことから,シャドーは特に繊細でした。私の気持ちが沈んでいたり,悩みごとがあるときにはそっと隣に座り,ときには膝に頭をのせてくれました。私の胸の内を察していたのでしょう。これによっていつも慰められ,心が癒されました。反対に気分がよく,私がはしゃいだりすると,シャドーまで嬉しそうに部屋を駆け回り,甘えて私にじゃれつきました。そして仕事で忙しくかまってやれないときには,私のそばでじっと横になり温かい目を注いでくれました。

　シャドーの心は四無量心に満ち溢れ,それを私に与えてくれたのです。シャドーに出逢い,「最高に素晴らしい,幸せな人生を送るように」なったのは私の方でした。

　会者定離。愛別離苦。愛するものとは必ず別れがあり,苦しみを伴う,という仏教の教えどおり,シャドーとも別れのとき

がやってきました。肝臓がんと口に転移腫瘍ができ，令和6年1月14日，好物だったハムを私の手から食べ，自宅のベッドの上で虹の橋をわたり天国に召されました。私は最後までシャドーの頭を撫でながら，「長い間喜び，悲しみをともにしながら，いつもそばにいてくれてありがとう。天国でも毎日を楽しむんだよ」と繰り返しました。

　シャドーは私に四無量心の魂を実践によって教えてくれました。以来，シャドーを四無量心の師として感謝しながら生活しています。この体験が少しでも皆様の参考になればシャドーも天国で喜んでくれるでしょう。

　マインドフルネスの背後にはこのような仏教思想を根底にした他者への思いやりが確立されており，これを理解することによって実践がいっそう深まるのです。

スキル上達について

　今日は津田真人先生との対談を控え，ポリヴェーガル理論が教える安心・安全感を臨床視点から俯瞰し，催眠とマインドフルネスについてこれまであまり語られることのなかった治療関係を分析してみました。本稿を閉じるにあたり，治療効果を上げる要因であるセラピストのスキルを上達させる方法について一言述べておきたいと思います。これは日米で40余年にわたり臨床に携わり，大学や研修会で教えてきた私にとっては身近なトピックです［大谷 2004, 2019］。それぞれのテーマについて適切な文献を巻末に挙げましたので，関心があればご覧ください。

1. 絶え間ない練習を繰り返す

臨床スキルを上達させる第一の秘訣は**繰り返し練習を積む**ことです。これは言わずと知れたことですが，催眠誘導技法など特殊なアプローチは例外として，一般の臨床スキル，例えば傾聴で用いる言い回し，ポーズの取り方，抑揚のつけ方などを反復練習する人は意外と少ないのではないでしょうか。精神分析的療法と行動療法の研究から心理療法の統合を唱えたポール・ワクテルはこの傾向について次のように述べています。

　臨床場面でいかに言葉を活用するかについてはこれまでほとんど検討されることがなかった。これはクライエントを十分に理解し，逆転移すら起こらなければクライエントへのコミュニケーションは意識せずとも，何とか自然にうまくゆくと想定するからである。（中略）セラピストがいかにスキルを選び，何に焦点を当て，どのような話法を用いるかということは重要なテーマであり，これ自体考究を要する［Wachtel 1980］。

ワクテルが鋭く指摘するようにセラピーは言語を手段にしたクライエントとのやり取りでありスキルです。運転技術や楽器の演奏などと同様，**臨床スキルは反復練習**によって**上達**します。スキルの修得には〈意図的練習（deliberate practice）〉が特に重要です。この概念を提唱したK・アンダース・エリックソンは意図的練習では（1）練習の対象となるスキルを厳密に定義する，（2）練習においては即座にフィードバックを受ける，（3）期待レベルに達するまで繰り返し練習する，の3点を遵守すると指摘しています［Ericcson 2004］。とは言うものの，正

直なところこれは少々ハードルが高く，実行は難しいかもしれません。

再び私事になって恐縮ですが，私は大学時代英語を専攻し〈同時通訳の神さま〉と異名をとった國弘正雄先生から英語を教えて頂くという恩恵に預かりました。先生は英語のみならず言葉の修得にはその言語で書かれた文章を繰り返し音読することが一番だと仰られ，この方法を〈只管朗読*11〉と命名されました［國弘 1970］。先生の教えに従い，現代語訳のヨハネによる福音書を連日 20 〜 30 分ほど音読したでしょうか。1 年ほどかけて 800 〜 900 回したころから確かに効果が現れ，何とか英語を操れるようになり現在に至っています。後日アメリカの大学院に進んだときも同じ方法を利用し，文字起こしされたロジャーズのカウンセリングセッションやエリクソンの催眠誘導技法を音読しながら練習しました。エリックソンの意図的練習が勧める即座のフィードバックはありませんでしたが，実践で十分役立つレベルに達しました。上述した催眠療法の恩師 K・トンプソン先生も〈練習，練習，練習！（Practice, practice, practice！）〉と口を酸っぱくして励まされました。基本と特定スキルを反復練習する。これが上達の秘訣です。

2．熟練者を模倣する

あらゆる学習において模倣（モデリング）は絶大な効果を示します。**学びたいと思うスキルを身につけたスーパーバイザーの実演やビデオを観察してスキルを学ぶのです。**もし可能であればスーパーバイザーに自分のスキル実践を見てもらい，

---

*11 マインドフルネスのセクションで触れた道元禅師の只管打坐をもじったフレーズです。

フィードバックを受けることが有効です。仮にこれが不可能でも，インターネットが発達した現在，いつでも，どこでも熟練者の技術を手軽に見れるようになりました。これを最大限に利用することを勧めます。

　模倣学習を始めると最初はギスギスした感じを受けるかもしれません。しかし慣れるにしたがってこうした感覚も消え，最初できなかったスキルが〈自然と〉できるようになります。これが模倣によって意図的に身につく自然さ（deliberate spontaneity）です。これを英語では Fake it till you make it！（できるまで真似ろ！）とか，muscle memory（マッスルメモリー　体得）などと言います。ともあれ名人芸を真似るのです。

3．インターパーソナル・プロセス・リコールを活用する

　スーパービジョンが臨床技術の修得に有効なことはすでに述べましたが，これには**インターパーソナル・プロセス・リコール**（interpersonal process recall：IPR）が優れています。IPRは 1960 年代ロバート・ケーガンによって開発された手法で心理療法およびスーパービジョンの両方に応用できます［Kagan et al. 1969］。訓練法はいたってシンプルでクライエントの許可を得てセッションを録画します。終了したらセラピストとスーパーバイザーは録画を一緒に見ながらお互い気になる箇所や要所要所でビデオを止め，その時点でセラピストは何を考えていたのか，発言は何をねらいとしたのか，クライエントの反応から何が推察できるか，云々といった事柄についてディスカッションします。ときには音声を消去し，セッション中のクライエントとセラピストの身体を動きのみを見るのもボディランゲージの観察スキル向上に役立ちます。メリーランド大学のカウンセリ

ングセンターに在職中 20 年間にわたり IPR を用いたスーパー
ビジョンを行いましたが，いつも好評でした。

4．語彙を豊富にする

　セラピーの実践は理論ではなく，クライエントとの対話であ
り，言語スキルであると述べました。取りも直さず**語彙が〈モ
ノを言う〉**のです。我々の感情は種類とレベルによって異なる
ことから，クライエントを理解し，それを正しくフィードバッ
クするためには多岐にわたる語彙力が必要とされます。また治
療において幅広いボキャブラリーを巧みに駆使することはアレ
キシサイミア（失感情症）を患うクライエントにとって特に有
益です。セラピストの感情用語の使い分けが感情表現を学ぶこ
とにつながるからです。語彙を増やすにはかつてから**類語辞典
やシソーラスを頻繁に活用する**ことを勧めています。最近では
インターネットに類語や同義語サイトがあり，これらを利用す
るのも一法です[12]。

5．読書／映画鑑賞にいそしむ

　読書や映画鑑賞は語彙を豊富にするだけでなく，人間心理の
機微，行動パターンの認識，共感を鍛える有効な手段です［Van
der Bolt & Tellegen 1995]。**人物描写に優れた小説を読み，映画を
観ることはこうした能力を促進させる**最適の方法となります。
私の場合，和書では山崎豊子，洋書ではパット・コンロイ[13]
の著作を愛読し，多く学びました。共に登場人物の仕草，感情
表現を得意とする作家です。興味深いことにカール・ロジャー

---

*12　例えば『日本語シソーラス連想類語辞典』（https://renso-ruigo.com/）
や『Weblio 類語辞典』（https://thesaurus.weblio.jp/）が便利です。

第1章　治療関係に役立つ臨床，要因，催眠，マインドフルネスそしてポリヴェーガル理論　**35**

ズとミルトン・エリクソンはセラピースキルを熟達させる手段としてともに読書を奨励しています。ロジャーズはストレートに共感を豊かにするために本を読み，映画を観よと述べていますが［Rogers & Russell 2002=2006］，エリクソンは小説を読む際，まず第1章を読んで登場人物とストーリーの背景を理解する。読み終わったらすぐに最後の章に飛び，登場人物の変化に注目する。このような行動に至るには各々の人物にどのような心理変化が生じたのかを推理する。これが完了したら，その前の章に進み自分の推察が正しかったか確認する。このプロセスに従って逆順に読書せよと言うのです［Zeig 1985］！　これはさすがに実行したことはありませんが，エリクソンならではの〈ストラテジー〉だと言って間違いないでしょう。

6. 支援になりきる

　模倣のセクションで触れたスキルの自然さについてもう一度考えてみましょう。武道の修行では守破離というプロセスを重視します。〈守〉は先達や師匠の教えを「守り」，技に慣れ親しむことです。守によって基本が身につくと，次に基本形を「破り」，自分の体型に見合うように改良します。これが〈破〉です。最終段階の〈離〉ではスキルから「離れ」，身体が自然に動き，その場に最も適した技が即座に出るように修行を続けるのです。つまり〈**習い，慣れ，なりきる**〉のです。この訓練プロセスは治療スキル修得にも当てはまります。訓練によってスキルを忘れた境地に達するのが究極のゴールと言ってよいで

＊13　パット・コンロイ（Pat Conry）（1945-2016）はアメリカ人作家でアメリカ南部をテーマとした作品で有名です。なかでも1986年に刊行された *Prince of Tides*（邦題『サウス・キャロライナ／愛と追憶の彼方』）はバーバラ・ストライサンドによって映画化され大ヒットしました。

しょう。

　以上，40年にわたり碩学から教えを乞い，自分なりに考え，学生さんや研修参加者と試行錯誤しながら体験したスキル上達法について記してみました。学習には個人差があり，これらが読者の皆さんに果たして有効かどうかはわかりません。読者の一人ひとりがこれを踏み台として自分なりの上達法を見つけ，スキルの向上を願ってやみません。

結語にかえて

　沖縄トラウマケア勉強会の大城由敬先生からポリヴェーガル理論の津田真人先生と対談してみませんかとお誘いを受けたのは確か一昨年（2023年）の9月であったと記憶しています。津田先生については『「ポリヴェーガル理論」を読む』に目を通し，これほど素晴らしい著作が日本人の手によってなされたことに深く感動しました。このような博識な専門家の津田先生と，臨床家の自分が果たして満足のゆく対談などできるだろうか，と少々危惧したのですが，Zoomでお目にかかり先生の笑顔を見た瞬間，すべて杞憂であったことがわかりました。大城先生を含めた3人の打ち合わせの「ユンタク」でも話が弾み，あっという間に時間が過ぎました。ポリヴェーガル理論が教える安全空間の体験です。今回の企画を通じて両先生にお会いできたことはまたとない幸運であり，これを機会にこれからも親しいおつき合いを続け，ともに見識と知識を深めていきたいと願っています。

　本稿は元来Zoomで行った講義を文字起こしする予定だったのですが，パワーポイントを見ながらの話し言葉は前後の文脈

が曖昧になったり，場合によっては支離滅裂に感じられたので思い切って書き起こすことにしました。こうした事情から講義の内容と食い違うことになってしまい，誠に申し訳なく思います。この場で読者のお許しを乞う次第です。

　Zoom での講義と今回の執筆は臨床活動における治療関係の役割について改めて見直す好機となりました。講義とこの章が少しでも読者の「思考の糧（food for thought）」となり，セラピーでの支援関係が豊かになることを願いつつ筆をおくことにします。

　　　　　　　　　　2024 年 10 月 13 日　メリーランドの自宅書斎にて
　　　　　　　　　　　　　　　　　　　　　大谷　彰

第 2 章

心身の安全感とリソース
～エリクソニアン・ポリヴェーガル!?～

津田真人

司会（大城）：皆さん，こんばんは。本セミナーは，大谷・津田セミナー沖縄事務局主催，沖縄トラウマケア勉強会共催による，「治療関係がセラピーを有効にする〜エリクソン，ロジャーズ，ポリヴェーガル理論の交響〜」をテーマとするセミナーです。

この動画は，津田真人先生によるご講演「心身の安全感とリソース〜エリクソニアン・ポリヴェーガル!?」になります。講師は心身社会研究所，自然堂治療室・相談室代表，津田真人先生です。

津田先生は沖縄トラウマケア勉強会のセミナーでも何度もご登壇頂いていますし，日本におけるポリヴェーガル理論の第一人者です。また，ブリーフセラピーやエリクソンについても詳しく，博学多識な先生です。私の方もまた皆さんと一緒に学べることを楽しみにしております。それでは，津田先生よろしくお願いします。

はじめに

はい，ご紹介頂きました，津田真人でございます。よろしくお願い致します。

今日はですね，「治療関係がセラピーを有効にする」ということで，大谷先生に続いて，これから私のお話をさせて頂きますが，大谷先生のレクチャー，皆さんお聞きになられたとおり，この「治療関係を有効にする」ということについて，重要な論点を，さすがは大谷先生という感じで，非常に要領よく，わかりやすく，しかも濃い内容でお話しくださいました。それを受けて私は，もう少し具体的に論点を絞る感じで，お話しさせて頂きたいと思います。

どういうことかというとですね，治療関係の有効性ということについて，ミルトン・エリクソン，カール・ロジャーズ，そ

して特に最近話題のポリヴェーガル理論のスティーブン・ポージェスの3人が，それぞれ実際にどんなことを言い，それが具体的にどんなふうに互いに響き合っているのかということを見ていこうということなんです。

このセミナーのフライヤーにも書かれていたとおり（p.iv を参照），エリクソンは，今から100年近くも前にすでに，「こころ」と「からだ」の交わるところから，効果的な治療関係を徹底的に追求していました。全く同世代のロジャーズは，「こころ」の側面に絞り込んでそれを磨き上げました。下って最近のポリヴェーガル理論は，「からだ」の側面の方に絞り込んで，さらに神経学的に洗練してきています。エリクソン×ロジャーズ×ポリヴェーガル理論という一見意外なこの組み合わせから，果たしてどんな化学反応が湧き起こるか!?　それが今回の企画なわけですが，このあとの大谷先生との対談で，化学反応が湧き起こるためにも，その中継ぎとして，私の話が少しでもお役に立てたらいいなと思っています。そうして，ポリヴェーガル理論が心理療法全般にどんなに深く関わる意義を持つかということ，そして逆に，これまでの心理療法の最良の部分がどのように神経科学的に根拠づけられうるかということにも，理解の一助になるといいなと思っています。

1. ポリヴェーガル理論を振り返る〜自律神経の3段階論

ポリヴェーガル理論とエリクソン，ロジャーズ

そこでまず，私がこの10年ほど深く考究してきたポリヴェーガル理論から話を始めたいと思います。ポリヴェーガルがどういうことを提唱する理論で，そこから治療関係についてどんな

ことが導き出されることになるのかっていうことを，ご一緒に見ていきましょう。そして同時に，私が20年以上前にやはり深く考究したミルトン・エリクソンのセラピー論，これが実はポリヴェーガルと意外に共通点が多いという点に注目して見直してみたいと思います。

　そこを比較対照しながら，ポージェスが強調する「**安全感によるセラピー**」ということと，それからエリクソンが強調する「**リソースによるセラピー**」というところを重ね合わせて見ていくことで，この治療関係ということに対してどんなことが重要になるのか，それをエリクソン，ポージェスの個々の論者がどういうふうに見ていたかを掘り下げていこうと思います。

　そこに加えてもう1つ，カール・ロジャーズが，このエリクソンとポージェスの交わるところに，さらにどんな形で響き合ってくるのかという辺りも，さまざまに絡めながらお話しできればと思っています。もっといえば，さらにその背後に，フェレンツィ・シャーンドル，ハリー・スタック・サリヴァン，ジョン・ボウルビィらの治療関係論の影もチラつくかもしれません。

　では早速お話に入っていきたいと思います。「治療関係がセラピーを有効にする」という全体のテーマを頂きまして，私の方は，特にそれを「**安全感**」と「**リソース**」ということで絞って見ていくことになります。「安全感」というのはポリヴェーガルの方から出てくる発想で，「リソース」というのがエリクソニアンの方から出てくる発想です。それで，これを組み合わせてみるとどういうことになるかということなんですが，ポリヴェーガルとエリクソニアンって，おそらく普通あんまり考えられない組み合わせかもしれません。ですが，私がポリヴェー

ガルを読み上げたときにですね，まずこれを臨床に使っていくとどういうことになるかなって考えたら，最初に私の頭に浮かんだのは，実はエリクソンがやっていたセラピーのことなんですよね。そのことも今日このあと詳しく，私の実際のエリクソン読み解き体験を交えながら，お話しできたらと思います。

　まずは最初に，ポリヴェーガル理論が大まかにどういうことを言う理論だったのかを簡単に振り返っておきましょう。そのうえで，今日は特に治療関係ということに重点を置きたいので，そこに関係する議論に焦点を絞っていって，ポリヴェーガル理論が臨床に向けてどんなヒントを投げかけているのかを，皆さんと一緒に確認しておきたいと思います。

　ポリヴェーガルの自律神経論のどこが新しいのか

　さてそれではポリヴェーガル理論ですが，一言で言うとどういう理論なのか？　それは**新しい自律神経の理論**だ，とまず言っておきましょう。じゃあ一体何が新しいのか？　これまで自律神経は交感神経と副交感神経の二元論で考えられてきたなか，ポージェスは心臓の精神生理学的研究を進めるにつれ，心臓を司る迷走神経を見ていくと，これがさらに２種類あるんだということを見出してきたわけですね。でその２種類を，各々が延髄から出てくる起始部位のちがいに従って，「**背側の迷走神経複合体**」（以下しばしば「背側」と略記）と「**腹側の迷走神経複合体**」（以下しばしば「腹側」と略記）って呼び分けたんですね [Porges 2011]。それに「**交感神経系**」（以下しばしば「交感」と略記）を合わせて，自律神経は合計３つの成分をもつという。もうこの辺りは，すっかりこの国でもね，多くの方に浸透しているかと思います。

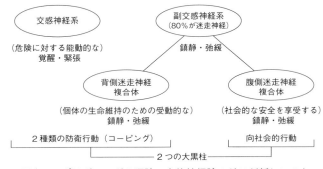

図表1　ポリヴェーガル理論の自律神経論のどこが新しいのか
[津田 2022, p.117]

　じゃあそのことで，ポリヴェーガル理論はどういう新しい論点を打ち出すことができたのか？　大きくいうと2つ，どうしても欠かすわけにはいかない，非常に重要な論点があるかと思います［津田 2022, pp.116-8］。図表1に示しましたが，その下の方に"2つの大黒柱"とあるとおりです。

　まず1つ目の"大黒柱"は，背側迷走神経複合体が分立したことで，いわゆる**防衛行動が2種類考えられる**ということを，神経科学的に裏づけられるようになったことです。というのはやっぱり今までですね，今までというか現時点でもまだ多くの方々がですね，防衛行動と言ったときには，いわゆる「戦うか逃げるか」のような「可動化」という交感神経の働きだけで考えやすくて，特にストレス理論なんかで考えるときにはそういうことが主流できています。でもそれ以外にもう1つ，この背側迷走神経複合体を使った防衛反応があるんだということですね。これが言えるようになった。で，この場合はむしろ，可動化でなく「不動化」する防衛反応ということになります。

　ポージェスの言い方を借りれば，交感神経はいわば**能動的な**

防衛反応です。要するに何か問題が起こったときに，自分が何とか動いてですね，自分の力で何とかこの環境を変えようというのが，能動的な対処の仕方です。交感神経はそういうやり方で問題を乗り越えようとする。なかでも，一番追い込まれた場合の能動的な対処の仕方というのが，「戦うか逃げるか」ということです。戦うのも逃げるのも，自分が動いて目の前の環境を変えようとするのですものね。

　防衛反応は，ずっとこれだけで主に考えられてきたんですけど，もう1つは「背側の迷走神経複合体」。こっちはむしろ「不動化」する防衛反応で，今度は逆に問題が起こったときに自分が動くんじゃなくて，むしろもうこれは自分には手に負えないからというんで，自分はあえて動かなくて，環境が変わるのをとにかくひたすら待つという，**受動的な**対処方法になります。一番よく知られているのは，動物が「死んだふり」をして難を逃れるっていうのが，一番わかりやすいかと思うんですが。あえて自分が全く動かないという状態になることで危機を回避するという，こういうもう1つの防衛反応があるということですね。

　そうすると防衛反応は2本立てということになります。おかげで，交感神経によるものか，背側によるものか，そのどっちを使うのか，あるいは両者を組み合わせて使うのか，そのヴァリエーションによって，さまざまな病態を理解するのに厚みを増し，守備範囲を広げ，解像度を上げられるようになりました。

　特にポージェスは，いわゆる**ストレス性の疾患**なら，まだこの交感神経の能動的な対処で対応するのが主流かもしれないとしても，**トラウマ関連疾患**になってくると，それだけでは済まなくて，この背側の受動的な対処の方が非常に大きな役

割を果たすと見るのですね [Porges 2017, pp.54, 103, 141；津田 2022, p.120]。これがやっぱり，現代のいろんな病態を診るうえで，ポリヴェーガルがもたらした非常に重要な新しい視点，1本目の"大黒柱"ということになります。現に今，交感神経の防衛反応だけで病態を診ようとすると，うまく説明も治療もできない心身疾患が沢山あふれかえっているのですから。

さてもう1本の"大黒柱"，新しい論点は，副交感神経を2つに分けた片割れの，「腹側の迷走神経複合体」ですね。これは今までいわゆる副交感はリラックスだよね，と言われていたその面をある意味受け継いでいるとは言えるんですけれど，もう少しそのリラックスというものが厳密に定義されるのです。真にリラックスできているときというのはポージェスに言わせれば，そこに「社会的な関わり」があって，そこに「安全感」が感じられて，そうなってはじめて本当のリラックスになるんだということなんですね。で，そのときにこの腹側迷走神経複合体が働いているというわけですね。

こちらは自律神経レベルでありながら，「社会的な関わり」とか，「安全感」とかということに大きく関わるのですね。この何が新しいかというと，**「社会的な関わり」っていうことが自律神経レベルで言える**ということ，言えるというか見なければいけないということです [津田 2022, p.117]。

今まで神経科学でも，もちろん「社会的な関わり」ってことは，散々いろいろ研究されてきたんですけど，ほとんどがやっぱり**大脳のレベル**で起こることだとされてきて，**自律神経のレベル**なんか関係ないんだと見なされてきたわけですよ。つまり自律神経というのは，その**個体の内部**で，その個体のホメオスタシスをとにかく保持していく，そのためにあるんで，**個体と**

個体の間の関係なんかに自律神経とかそんなの関係あるわけないだろう，っていう具合に切り捨てられてきたんですね。だけど，その個体と個体が関わるときに，実は自律神経レベルでもそれを支える相応しい変化が起こるんだということをね，ここで言えるようになったわけです。となるとですよ，「社会的関わり」ということが本当に言えるためには，**自律神経レベル**まで考えに入れないと全然ダメなんだってことになりますね。

　さらに言えば，いわゆる「**心理社会的**」という言い方がよくされると思うんですけど，「社会的」っていうのは「心理」とだけ結びつくレベルでは済まなくって，いわば「**身体社会的**」でもあるということですね。**身体レベルでまで社会性を考えなくちゃいけない**ってことが，この腹側迷走神経複合体ということから見えてくることになります。

　そしてこの，身体レベルまで含めた本当の意味での「社会的つながり」は，同時に身体レベルまで含めた本当の意味での「安全感」でもある。とするなら，さっきの（2種類の）防衛反応が**病態**の理解に寄与するとすれば，今度はこれは健康の理解，つまり**健康**な状態とはどういうときか，**治癒**するための条件は何か，**回復**するには何が必要なのか，といったことの理解に寄与することになります。これがポリヴェーガルのもう1つの新しい点，もう1本の"大黒柱"ってことになってくると思います。

自律神経の3つのシステム

　そこで，まとめてみると図表2のように，自律神経のシステムが3つあるということで，交感と，（迷走神経複合体の）背側と腹側とあってですね，それぞれ「可動化システム」，「不動

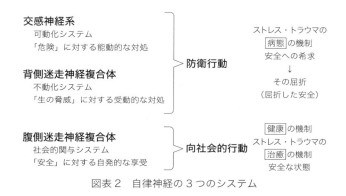

図表2　自律神経の3つのシステム

化システム」,「社会的関与システム」とポージェスは呼ぶわけですね。

　交感は,さっき見たように,危険に対して能動的に対処する。そして背側は,今度は受動的に対処する。で,この2つは防衛反応ということで,2種類の防衛行動があることになる。それに対して腹側はですね,防衛行動ではなくって,向社会的行動なんだと。防衛行動でなく,それ自体が安全に対応する反応です。安全を自発的に享受する状態です。

　そうすると,今しがた見たように,上の2つは「ストレス」とか「トラウマ」とかのいわば**病態**のメカニズムに関与し,腹側は**健康**の成立するメカニズム,あるいは「ストレス」とか「トラウマ」とかから**治癒**していくメカニズムに関与します。

　腹側の方は安全な状態のときの神経系のシステムですが,上の2つは防衛行動なので,安全な状態でないときに働く。ただ,それ自体はたしかに安全な状態じゃないんだけど,そうすることで安全に戻っていこうとする**安全への希求行動**なんですね。

　とはいえ,その安全を求めて行動したものも,なかなかその

本当の安全に戻れるとは限らない。戻れないで屈折してしまっている状態，いわば**屈折した安全**がいろんな病態だということになってきます。そのあたり，また追々見ていきたいと思います。こんなふうに，３つの自律神経システムは位置づけられます。

　３つのシステムの主な性格のちがいをまとめたのが図表３です。この図表はだいぶいろんな方々が使ってくださって，いろんな本に載せてくださるようになりましたけど，ポリヴェーガル理論では，この一覧のように，自律神経の３つの成分は考えられます［津田 2019, p.180；津田 2022, p.104］。

　この図表では，左から右に時系列の順番になっていて，一番左が古くて一番右が新しい。一番左が背側による**不動化システム**。そして次に交感による**可動化システム**。そして次に，腹側による**社会的な関わりのシステム**です。これは脊椎動物の進化の歴史のなかで，古い方から新しい方に向けて生じてきたんで，不動化はもう脊椎動物のかなり早い段階から存在していたということです。そして可動化のシステムが，だいたい硬骨魚類以降という，まあふつう私たちが“おさかな”と呼んでいるものが大体，硬骨魚類に入ります。そして３番目の社会的の関わりのシステムは，哺乳類以降で出てきたんですね［Porges 2011, pp.156-7］。

　次に，このシステムがそれぞれどういうときに働くかっていうと，さっきちょっと言いましたように，まず「安全」ということが成立しているときに「社会的関わり」になるんだと。あるいは逆にいえば，「社会的関わり」が成立しているときにこの「安全感」というのを感じるんだと。というわけで私たち，うまく日常が回っていれば，腹側が働いていて，「安全」

	Ⅰ　不動化システム (immobilization system)	Ⅱ　可動化システム (mobilization system)	Ⅲ　社会的関与システム (social engagement system)
神経系	背側迷走神経複合体 （無髄の迷走神経）	交感神経系 視床下部－下垂体－ 副腎系（HPA軸）	腹側迷走神経複合体 （有髄の迷走神経）
系統発生	軟骨魚類以降の ほぼすべての脊椎動物 （爬虫類までは適応的）	硬骨魚類（ふつうの魚） 以降	哺乳類以降
反応戦略	生の脅威(life-threatening) への反応	危険（dangerous） への反応	安全（safe）への反応
酸素代謝 要求	節減（入力も出力も低い）	フル動員 （入力も出力も高い）	状況により制御（減少／増加）
生理反応	心拍数・気管支（−） 胃腸（＋）	心拍数・気管支・血管 収縮・発汗・副腎髄質 （＋） 胃腸（−）	心拍数・気管支（＋／−） 発声・表情筋（＋／−）
情動反応	凍りつき（freezing）反応 シャットダウン反応 （死んだふり，血管迷走神 経性の失神）	戦うか逃げるか (fight or flight) 反応	社会的コミュニケーション， 社会的行動
	防衛的行動（defensive behavior）		向社会的行動 (prosocial behavior)
下位運動 ニューロン	迷走神経背側運動核（延髄）	脊髄	疑核（延髄）

図表3　自律神経系の3つの発展段階（stages）／階層構造（hierarchy）
[津田 2019, p.180；津田 2022, p.104]

　な「社会的関わり」が享受できていて，メデタシメデタシなん
ですけれど，残念ながらずっとそうはいかなくて，生きている
といろんな問題がやっぱりそこに起こるわけですね。
　ポージェスはそれをとりあえず「危険」というふうに呼んで
います。その「危険」という状態になると，社会的関与システ
ムは維持できなくて，いったん社会的関与システムから交感神
経にバトンが渡されて，可動化システムになって，事態に対処
しようとするのです。これさっき言ったように能動的に対処し

よう，自分が動いて対処しようっていうことですね。そして，それでうまくいけばまた上の社会的関与システムに戻れることになります。

　ところが今度は，自分が動くことで対処できそうもないなってことになると，もう１つ前の段階の，今度は「生の脅威」という言い方になってきて，生きるか死ぬかがかかってくるようなもっと危険な状態になるんです。そして，これに対処しようとするときはもう，この背側の不動化システムになっちゃうんだと，そういう位置づけになっているわけですね。

　だから，この「危険」と「生の脅威」というのは，まず何より危険度の大きさがちがうんですね。ただの「危険」と，それからもっとすごい危険としての「生の脅威」。それで，もっとすごい危険としての「生の脅威」になると，この不動化システムで対応するしかないというわけですね。

　ただ，この「危険」と「生の脅威」の差は，単にその分量の，危険度の**分量**のちがいだけではないっていうことも確認しておかなければなりません。なぜなら，分量のちがいだけだと，この交感と背側の，起動する分かれ目（いわゆる「刺激障壁」の破綻点に相当）が曖昧になっちゃうからです。この２つはもっと**質的**にちがっていて，ポージェスは**能動的**に対処可能と有機体が判断する危機状態のことを「危険」と呼び，もう**受動的に**しか対処できないと有機体が判断する危機状況を「生の脅威」と呼んでいる。そのどっちでいくか，まさしく質的なちがいがここにはあるのですね。

　もちろん能動的・受動的といっても，有機体が刻々と行う**無意識**の判断ですよ。能動であれ受動であれ，その態勢を黙々と準備し，下支えするのがまさに自律神経の役目です。これこそ

後でまた説明する，ポージェスのいう「ニューロセプション」にほかなりません。

さてこれら３つのシステム，ポージェスはこれを酸素代謝要求のあり方，要はエネルギーレベルのちがいでもはっきり区別するんですね［Porges 2011；津田 2019, p.181］。つまりどのくらい，そしてどのようにエネルギーを必要とし消費するかってことを，その酸素代謝の要求度で見ています。すると，一番左の不動化システムはもうまさに動かないわけなので，エネルギーを必要としません。だから，インプットもアウトプットも非常に低くて，とてもエコなシステムということになってきます。動かないんだから余計なエネルギーがいりません。

それに対して交感神経の可動化は，今度はもう，能動的に自分が動いて問題を克服しようとするわけですから，今度はエネルギーをフル動員することになってきて，背側と真逆の状態になります。ですので，今度はインプットも沢山あるし，そしてアウトプットも沢山ありますね。

そんなわけで，巷でよく言われるように，背側が"ブレーキ"のシステムで，交感が"アクセル"のシステムなんだという喩えで説明されることにもなります。だったらじゃあ，３番目の社会的関わり，腹側はどういうことになるのかな？　ブレーキでもアクセルでもないとしたら一体何だろう？　これはポージェスに言わせれば，要するに状況によってそのつど臨機応変に制御ができるということですね。状況に応じて，増やす方も減らす方もできるんだということなんです。ある範囲内までは，ということですけど。ある範囲内までは，腹側で対応できるんだけど，それを超えてしまうと交感なり，背側なりにバトンを渡すしかない。だけどその範囲内では，他の２つとち

がって，細かい微調整をしながら対応することができるというのが，この腹側のシステムの特徴ということになってきます。

　ひとことで言えば**臨機応変性**，あるいは**柔軟性**で環境に対応できるということ。そのために，神経線維としても，腹側は有髄神経が多くなっていて，伝導速度が速い神経を持っているんだと，ポージェスはそういう説明をするんですね。なのでこれは，"ブレーキ"でも"アクセル"でもなくて，いわば"チューニングダイヤル"みたいな感じのイメージで捉えられます［津田 2022, p.114］。昔はラジオとか聞くときに，チューニングダイヤルひねって合わせましたけど，そんな感じでね，微調整が効く。その分，臨機応変性，柔軟性を持つという，これが腹側の社会的関わりシステムだということになってきます。

　すると情動反応のちがいも，さっき見たように，背側は「凍りつき」や「シャットダウン」，そして交感が「戦うか逃げるか」，腹側は「社会的な関わり」ということになります。

自律神経の3層構造

　とまあこのくらいのことを，とりあえずもう一度押さえておいたうえで，今日は話を進めていきたいのです。3つそれぞれが引き起こす生理反応のことは，ちょっと飛ばしましたけれども，これは本当はすごく丁寧に話したいところなんですが，これ話すだけで結構時間が必要なんでね，今日は治療関係の話ですので，腹側に関してだけは後で少し説明したいと思いますが，それ以外の説明は割愛させて頂きますね。

　さてそうすると，この3つのシステムは，今見たように時系列で，古い方から新しい方に進化してきたわけなんですけど，これを1人の個体のなかで見ると，立体構造になっていて，古

図表4　自律神経系の階層的三元論の構造
［津田 2019, p.198；津田 2022, p.119］

いのが下に来て新しいのが上に来る。ちょうど大地の地層みたいにですね，一番古い「不動化システム」が一番下にあって，その上に「可動化システム」があって，その上に「社会的関わりのシステム」があってという，3層構造になるのですね。自律神経は今や2つじゃなくて3つの成分ということになるので，2つだったらシーソーのようにね，どっちかが出たらどっちかが引っ込んでとなりましたけど，3層構造だともうシーソーにはならなくて，まさに積み上がっていくんですね。

　そうして図表4にあるように，日常が何とかつつがなく，安全感を持ちながらうまく回っているときは，この一番上の「社会的関わりシステム」でとりあえずやれているということになります。でもさっき見たように，そこに何か問題が起こると一段下に下がって，交感神経の「可動化システム」になり，それでうまく解決できれば，また上に戻っていくのですね。でも，交感神経では手に負えないぞってことになると受動的な対処になって，もう一段下に下がって「不動化システム」になります。ただこれも，動物の「死んだふり」みたいにうまく事が終わってしまえば，またここから上に上がっていって，一番上のところに戻れるのですね。

だからポリヴェーガルは，とりあえずこの一番上の腹側の
「社会的関わりシステム」を１つ健康の条件とするんですけど，
もう１つ大事なのは，実際にはいつもいい状態でいられるわけ
じゃないので，そうでないときも含めて考えると，この３つの
システムをそれこそ臨機応変に，そのつど往還できること，こ
れが健康の条件になります。すると２通り健康の条件の見方が
あることになりますね。まず腹側自体が健康の条件でもある。
だけど，そういう１つのシステムに留まらなくて，３つのシス
テムを自由に行き来でき，そのつどの状況に応じて，的確に対
応するシステムが出せるということ。これももう１つ，健康の
条件だということになってきます。もっともこれも，腹側のも
つ臨機応変性・柔軟性が，交感や背側への寛容性として表われ
ているとみるなら，結局健康の条件は腹側のあり方１つという
ことになりますが。

　しかし逆にいえば，この自由な往還の滞るとき，そのときは
病理的な事態の発生ということになってきます。たとえば，危
険が生じると交感神経に託されますね。ところがいつまで経っ
ても戻ってこれない。ずっと交感神経で「戦うか逃げるか」の
状態が続いてしまう。いま目の前では，とりあえずの危険は
去っているにもかかわらず，でもやっぱり「戦うか逃げるか」
が続いてしまう。これがいわゆる「**ストレス**」の状態ではない
か，とポージェスは考えるわけです [Porges 2017, p.141]。だから
図表４でＵターンしたみたいな絵になっているところは，要す
るに，上がりたいんだけどやっぱり上がれないで戻ってきちゃ
う，いつまで経っても上に戻れない，これが「ストレス」の状
態だということです。

　そして同じように，背側まで下がっちゃったときもやっぱり

ここからですね，上がっていきたいんだけど上がれない。で，いつまで経ってもここに留まってしまっている。背側が絡んで戻ってこれない。これが私たちが「**トラウマ**」と呼んでいるときの反応のあり方ではないかと，ポージェスは提起するのです［Porges 2017, pp.54, 103, 141；津田 2022, p.120］。

ホメオスタティック・ダンス

　こうした3層構造になっているっていうのが，ポリヴェーガル理論の基本的な見方なんですけど，ところがもう1つですね，ちょっとちがうバージョンの説明が 2017 年ぐらいから出てくるんですね。2017 年というのは，ちょうど日本語に翻訳された『ポリヴェーガル理論入門』という，ポージェスの本の翻訳がありますよね［Porges 2017=2018］。あれの原書が出たのが 2017 年ですけど，あの本からですね，ちょっとちがう説明の仕方，一番上に腹側があることには変わりないんですけど，層構造じゃなくて，その下で残る2つがリズミカルに行ったり来たりできる状態。つまり，背側と交感の間を自由に行ったり来たりできて，どっちかに行きっ放しになったり乱高下したりにはならないっていう状態。これがいい状態なんだっていう説明をしているんですね。

　そうなるためには，腹側が一番上からいわば見守っていて，これは指揮者の役割みたいなもんなんだと。で，腹側という指揮者の下で，この背側と交感の二者がですね，一緒にリズミカルなダンスを踊っている。でもそんなダンスが踊れるのは，腹側の指揮があるからなんだと，そういう説明をするんですね［Porges 2017, pp.128-9］。そうであれば，どっちかに行きっ放しとか，やたら乱高下しちゃうとか，そういうことはないんだとね。

もうまさに腹側の指揮の下に背側と交感がいわばダンスを踊る
みたいだというんで，ポージェスはこれを「ホメオスタティッ
ク・ダンス」［Porges 2017, p.172］と呼ぶんですね。最近は，3層
構造だけでなく，こういう説明の仕方もされていることも付け
加えておきたいと思います。これあとで，「ブレンド」の話を
するときにですね，この見方がちょっと背景にあるような気も
するので，一応紹介しておきたいと思います。

ニューロセプション

こうした理論構成のもとで，ポージェスはさまざまの現象を
説明していくことになるんですけれど，そこで1つ大事な鍵に
なるのが，「ニューロセプション」（neuroception）という概念
ですね［Porges 2011, pp.11, 57-8, 194, 273］。大谷先生のレクチャー
の方でも，この「ニューロセプション」の意義について，要領
を得た説明をしてくださったと思うんですが，ポージェスがど
んなふうにこの「ニューロセプション」ってことを言っている
か，少しここで説明しておきたいと思います。

ポージェス曰く，ここまで見てきた自律神経の3つの構造で，
その3つのシステムをそのつど行ったり来たりして使い分け
るっていうのは，もうこれ私たちはみんな，意識しないでやっ
ているんだと。「私たち」とここでいうのは，人間だけじゃな
くて動物，少なくとも哺乳類はみんなそうなんだということで
す。この働きを彼は，自ら造語して「ニューロセプション」っ
て名前をつけました。これはですね，知覚というのが，まあ英
語で言うと"perception"なわけですけど，これとりあえず意
識的な知覚という前提で考えられていますが，その意識的な知
覚とはちがって，ポージェスの当初言っていた簡潔な定義では，

「無意識的な皮質下のシステム」によるある種の"知覚"，知覚以前の"知覚"，自動的な検出（detection）としての"知覚"を意味するものです ［Porges 2011, p.228；津田 2019, p.264；津田 2022, p.130］。

　ただ，今日は詳しい話はしませんけれども，この「皮質下」っていうのはどうなのかって疑念が出てきます。なぜならポージェス自身，腹側のニューロセプションに皮質プロセスの決定的な役割を明示していますし ［津田 2019, pp.276-8］，またその皮質プロセスも大半は——正確にいえば，「グローバル・ワークスペース」［Dehaene et als. 1998］を中核とする広範な統合性を持たぬ限りは——無意識ですから ［津田 2019, pp.379-85］。そのせいなのか何なのか，「ニューロセプション」ということをポージェスは 2003 年から言い出したんですけど，2007 年あたりを最後に，この皮質下という語がニューロセプションの定義から消えます ［津田 2019, p.278］。つまり，皮質の働きもニューロセプションのなかに含めうるような，重大な定義の変更が途中でなされているのです。そのことも一応付け加えておきますね。

　ともあれポイントは，どんな動物も，そのつどの今自分がいる環境が「安全」なのか「危険」なのか「生の脅威」なのかを，毎瞬毎瞬，意識しないでも神経生理学的に見分けてリスク評価しているっていうことなんですね。

　そしてこのリスク評価に応じて，例えば「安全」と見たら「社会的関与」のスイッチを押し，「危険」と見たら「可動化」のスイッチを押し，「生の脅威」と見たら「不動化」のスイッチを押し，というようにね，外から感覚刺激が来たときにこれは「安全」なのか「危険」なのか「生の脅威」なのかといった，要はカテゴリー化した認識を有機体はしていることになります。

60

するとそれに応じて行動の選択肢があって，そのスイッチが押されることになるのですね。これがニューロセプションの，一番大本の形ってことになると思います。

ところが特に 2009 年からですね，外部の環境をリスク評価のトリガーにするだけでなく，もう 1 つ大事なトリガーがあるとポージェスは言い出すんですね。それは何かというと，そのときの自分自身の内臓感覚がどうなっているか，そこからの求心性フィードバック，下から上がってくる内臓感覚のフィードバックも，もう 1 つ大事なトリガーなんだということですね [Porges 2011, pp.57-9, 273-4；津田 2019, p.265；津田 2022, p.132]。

なので，これも含めた完成形でいうと，環境の安全／危険／生の脅威っていう具合を見ると同時に，そのとき自分自身の内臓感覚がどうなっているのかも見る。その両方を合わせて，総合的に判断を下していることになる。そして，その結果に応じて社会的関わり／可動化／不動化のどれでいくのかが決められる。そういう段取りになっているということです。これを多くの動物がもう無意識のうちに瞬時にやっている。これがニューロセプションだというのですね。

neuroception と subception

ところでこの "neuroception" の概念，ポージェスの革命的な発見のように言い募る方々も少なくないんですが，すでにこれとそっくり瓜二つの "subception" という概念が，何とカール・ロジャーズによって，1951 年に発表された『クライエント中心療法』のなかですでに提示されていたことは見落とせません[*1] [Rogers 1951, pp.506-7]。ロジャーズの全集などでは，「**潜在知覚**」と訳されていましたかね。「**知覚することなしに知覚**

している」(perceiving without perceiving) [Rogers 1951, p.506]
プロセスです。ポージェスの知覚以前の知覚と同様に。

　しかもこれ，ロジャーズの発明品ではなくて，驚いたことに，
まだ学位取得直後の若き（20代の）リチャード・ラザルスの
手になるものなんです [McCleary & Lazarus 1949, pp.178-9；Lazarus
& McCleary 1951；Rogers 1951 pp.506-7]。後に認知派の大御所とな
るラザルスは，このとき，1949年ですが，GSR（皮膚電気反
応）を用い，「自律反応」(autonomic reaction) によって，意
識的認知に必要なレベルより下のレベルですでに，刺激を弁別
できることを周到に証明したのでした [McCleary& Lazarus 1949,
p.178]。

　何と，ポージェスとラザルスは同じ次元を見ていたのです！
――この事実は，"認知派"と"身体派"の不毛な対立を鎮め
うるポテンシャルも孕んでいます。さらに遡ればその源は，ブ
ルーナーらの「ニュールック心理学」が，お得意の瞬間露出器
から得た「前知覚」(preperception)・「前認知」(precognition)
の概念にあり [Postman et als. 1948；McGinnies 1949]，知覚の前提
にパーソナリティ要因をみるそのスタンスを，さらに身体性
にまで拡充するなら，そのポテンシャルはいっそう確かなも
のとなっていたはずです。たとえばブルーナーらもラザルス
も，内受容感覚 (interoception) への視野は欠いていました。
ブルーナーはその自伝で，「たぶん10年に1度ずつぐらいは
ニュールック心理学が必要なのだろう」と述べましたが [Bruner
1983=1993, p.168]，真に必要なのは，**身体的認知**のニュールック
心理学のようなものではなかったでしょうか。

　しかし以後ブルーナーもラザルスも，この次元をもっと人
間固有の，そして皮質レベルに重心を置いた，意識的な知覚

のもとに包摂していくのですね。そして 1960 年代の「認知革命」に接続し，トップダウンの心理療法に発展していきました。他方ロジャーズ，そしてポージェスは，あくまでこの身体的な，無意識的な知覚の次元の，独自の意味に重心を置きつづけ，ボトムアップの心理療法につながっていきます。この方向をもっと突き詰めると，現象学的身体論者メルロ・ポンティ晩年の「野生の知覚」（perception sauvage）ないし「不知覚」（imperception）といった魅惑的な概念［Merleau-Ponty 1964=1989, pp.305-7］も生まれてきます。

　こうして双方の対立は，今日までぐんぐん溝を深めてきた……ようにみえますが，実をいうと，神経経路でみるなら，今回は詳しく説明できないのが残念なんですが，双方とも**同時多重並列的に併立する**ものにすぎません［津田 2019］。現に双方とも，意識的・無意識的のどちらの知覚も認めています。ただそのうえで，いわば「媒介変数」として［津田 2024］，前者は意識的知覚の方を重視し，後者は無意識的知覚の方を重視する。ある意味ではただそれだけのことです。人間界の何とケチな，コップの中の嵐でしょう！

ニューロセプションの誤作動

　さてこの無意識の知覚たる「ニューロセプション」がうまく作動していれば，有機体はみごとに刻々の環境に即応できているわけなんですが，でも特にメンタルを病んでいるような場合，しばしばこのニューロセプションが誤作動を起こしているんではないかとポージェスは考え，「誤ったニューロセプション」とか「妥当でないニューロセプション」と呼びました［Porges 2011：津田 2019, pp.268-9：津田 2022, p.140］。

それはどういうことかというと，リスク評価が不正確になる。つまり，今自分がいる環境が，「安全」なのか「危険」なのか「生の脅威」なのかっていうのを判定するときに，環境の何かをトリガーにして，ああ，今ここは安全なんだなとか，危険なんだなとか，ってリスク評価するわけなんだけど，その大事なトリガーを見落としてしまうと，実際とはちがうリスク評価をすることになる。たとえば，安全なはずなのに危険だと思ってしまったり，危険なはずなのに安全だと思ってしまったり，っていうことが起こってくる。あるいは，環境から得た感覚情報では安全だけど，内臓から上がってくる感覚情報では危険なんじゃないか，とかですね。そんなミスマッチが起こってしまうのです。

こうなってしまうとニューロセプション，せっかくのこのスグレモノがうまく働いてくれないことになって，ひょっとしたら誤っているかもしれないリスク評価に基づいて，行動のスイッチを押してしまうことになるわけですね。

すると本当だったらせっかくその人にとって安全になっていたはずの環境にいても，これは危険だと本人は思ってしまって，そうなると交感神経を発動して，例えば「戦うか逃げるか」みたいな反応を起こしてしまう。するとせっかく目の前にいる相手が，友好的に関わろうとしてくれていたかもしれないのに，いきなりケンカ吹っかけちゃったりするわけですよ。すると，さすがに温厚なはずのその相手もですね，「何だこれは!?」って思ってね，不機嫌になってきて，その人も交感神経の反応で返すみたいなことになっちゃう。そうなると，元々危険と思って振る舞った本人はですね，「ほら見ろやっぱりこいつ，ホンネを出したじゃないか」とね，「自分が思っていた通り，こい

つは怪しい奴なんだ」みたいなことになってきて，とてもこじれたことになってしまう。せっかく安全な環境にいても危険と思い込んで，危険ってことで振る舞ってしまう。あるいは逆に，危険な環境でヤバイところにいるのに，「いやいや平気平気，大丈夫だから」みたいに振る舞ってしまって，ひどい目に遭うことになったりとかね。まあ，こういうのが結局，誤作動だというわけです。

　それからもう１つ，これに劣らずポージェスが重視しているのは，時間軸上のミスマッチなんですね［Porges 2011, p.194；津田 2019, p.269；津田 2022, pp.140-1］。つまり，短期的に起こすんであれば適応的だったかもしれない防衛反応が，長期にわたって延々と続いてしまうとすれば，これはもう自分自身に対しても破壊的になってくるというのですね。マキューアンが「アロスタティック負荷」［McEwen&Lasley 2002=2004］と呼んだ事態です。

　本来ですね，交感にしても背側にしても，防衛反応ってのは，そんなに長期にわたって使うようにはできていないわけなんですよ。で，もう短期決戦で勝負をつけるためのものなんですね。だから「戦うか逃げるか」だって，もうバッとやって，バッと結果が出るもんなんですよ。失敗すれば死んじゃうかもしれないけど，生き残った場合は，もうそれ以上エネルギーを使わなくていいわけです。

　そういうある意味では非常にシンプルにできているものなんだけど，でも高等動物になり，そして人間になるにつれてですね，これが長期にわたって，いつまで経っても戻ってこれないってことが起こってくる。そうするとさっきもちょっと言ったように，交感の可動化や背側の不動化が，いったんスイッチを押したらいつまでも戻ってこれないで突出してしまう。そし

て，その神経の状態に固着したような状態になってしまう。これがまさにさっき言った，ストレスとかトラウマとかっていうときに起こっていることだっていうわけですね。

　そうすると，元々はせっかく安全を求めて起こした防衛反応で，安全希求の行動だったのに，その安全希求が屈折して，叶わないためにねじれてしまっている状態，そのいわば屈折した安全みたいなところに留まり続ける感じになっちゃうんですね。そうやって，固着し続けてしまう。これが病的な状態なんだっていうことなんです。

コーピングとしての可動化・不動化

　こうしてみてくると，2種類の防衛反応である交感や背側というものの正確な位置づけもね，きちんと確認しておく必要が出てきます。

　ポージェスによれば，交感による可動化も，背側による不動化も，どっちも防衛行動なので，防衛行動としてはやっぱりネガティブな危機状況に発動されるわけで，**ネガティブな危機状況に対する正常な反応**なんです。ここをしっかりまず押さえておく必要があります。得てして交感神経はいけないことなんだとか，背側はいけないことなんだとか，巷ではそういう風に見てしまう面があるみたいですけど，そうではなくてこれは，状況が今いけない状況なんだから，そのいけない状況にどう対処するかっていうことで，可動化や不動化の反応を出すのがむしろ正常なんです。

　つまり，交感も背側も，それ自体は決してネガティブなものではないんです。それから，病的な反応でもないんです。不適応な行動でもないんです。むしろ危機状況ではですね，ま

さにそれこそが意味のある必要な適応行動，つまり「コーピング」なんだと，ポージェスははっきり明言している［Porges 2011, p.287］。ここをしっかり押さえておく必要があると思います。得てして，腹側だけが善玉で，交感と背側は悪玉で，みたいな話になりやすいですからね。そうではないんだということです。

　もちろん交感も背側も，それ自体は安全な状態じゃない。その意味で腹側とはちがいます。腹側は，もうそれ自体安全な状態にあるときに発動される。交感や背側は，安全じゃないからこそ発動される。だからそれ自体は安全な状態じゃないわけです。だけど，なんで発動されるかと言うと，その安全な状態に再び向かおう，再び戻ろう，っていういわば**安全への希求**だからなんだということになります。そこを押さえておいて欲しいなと思います。

　というわけで，ポージェスは，この交感の可動化のことを「**能動的なコーピング**」なんだと。そして背側による不動化を「**受動的なコーピング**」なんだと。そんなふうに言っています［Porges 2011, p.287］。言い換えれば，能動的なコーピングとは，まあ制御可能性，コントロール可能性って言ってもいいかもしれません。受動的なコーピングの方は，持続可能性ってことになってくるかな。対外的には何もしなくても，ただじっと持続することだけをする。何もしないことを，ひたすらする。

　とくに後者は，セリエ以来の伝統的なストレス論では，コーピングどころか死や重病に帰結するだけの「疲憊期」とされましたが，そうではなく，まさに生を維持すべき最後のコーピング手段なのです。

　ただし，問題はこの，それ自体は安全への希求であったはず

の，この意味のある必要な適応行動。交感と背側ですね。コーピングだというんだけど，でもこれが危機が去ってもなお続くんだとすれば，病的な非適応行動の可能性があるということです。で，それが可動化で起これば，さっき言ったように「ストレス」って言われている状態だし，不動化でそれが起これば「トラウマ」って言われている状態ではないかというんですね[2]。

　こうやって，元々は安全への希求だったものが，うまく充足されないで屈折し，そして屈折した安全と化し，それがいわば**仮の安全，暫定的な安全，偽の安全**となって，固着されるに至るのです。そして厄介なのは，しばしばこれは，当人にとっては，これこそが本当にリアルな安全感なんだと思ってしまうことですね。

　非常に逆境的な，例えば，虐待のような逆境的な環境でずっと育ってきた人は，むしろ暴力が飛び交っているようなところの方が，なんか妙に安全感を持ってしまったりなんてことにもなってくる。本当はその人にとっては安全じゃないはずなんだけど，でも本人はそれこそがリアルな安全感なんで，変にいわゆる「安全」を保証してもらっちゃうと，かえって気味が悪くなって，その方が恐くなってしまうみたいにひっくり返ってしまう。つまり言い換えれば，**客観的な安全と主観的な安全の齟齬**が，ここには生じてくるということも，確認しておいた方がいいですね。「安全」ということを見ていくうえで，こういう厚みを持たせる必要があると思います。

2. ポリヴェーガル理論の臨床応用の核としての「安全」

「安全」のトライアングル

とここまで，ポリヴェーガル理論の概要を大急ぎで見てきましたが，そのうえで今日は，臨床の方に重点を移していきたいと思います。ただその際も，今みてきたように，その核になるのがやっぱり「安全」ってことなんですね。

「安全」は，腹側迷走神経複合体とともに起こってきます。ポリヴェーガル理論の一番核心をなしているのは，この「安全」ということ，「社会的関わり」ということ，そして「腹側迷走神経複合体」の活性化ということです。この相互補完的なトライアングルの関係が持つ臨床的な意義ということが，やっぱり中心になってくると思います。

そこでポージェスのとてもシンプルな言葉を引いてみると，例えば「私たちが安全であるとき，マジカルなことが起こる」（When we're safe, magical things occur.）[Porges 2017, p.141]，だからこそ「この安全感こそが治療なのだ」（This feeling of safety is the treatment.）[Porges 2017, p.187] といったような文章があります [津田 2019, p.196；津田 2022, p.192]。念のため原語も書いておきました。中学生でもこうとしか訳せないような，とても平易な英文ですよね。ここからだけでも，「安全」ってことがいかに重視されているかが窺えます。

安全であるとき，マジカルなことが起こるんですね。マジカルなことっていうのは，要するに奇跡的な治癒みたいなことが一番イメージしやすいんじゃないでしょうか。今までどこ行っても何やってもね，全然良くならなくて，もう諦めかけていた

のが，とうとう良くなりましたよ！みたいなね。じゃあ，つい
に良くなったって一体何があったんだ？っていうときに，それ
はこの安全ってことが本当にそこでしっかり保障されたんだ。
だからこそそこに，奇跡的とも言えるような治癒が起こるんだ
と，そういうようなことをポージェスは言いたいのかなと思い
ます。そんなふうにこの安全ということが軸になってきます。

　というわけで，この「安全」-「社会的関わり」-「腹側」って
いうトライアングル，そこから遠ざかれば遠ざかるほど，遠ざ
かる分だけ心身の苦悩は深まると。それから，そこに近づけば
近づくほど，近づく分だけ心身の健康は高まると。そういうこ
とがまず言えるかなと思いますね。

「安全」の反応（腹側迷走神経複合体の活性化）

　そこに近づくってことは，腹側迷走神経複合体が活性化する
ということですね。腹側迷走神経複合体が活性化しているとき
が，「安全」なときですね。では腹側迷走神経複合体が活性化
しているときっていうのは，有機体はどんな状態になっている
んでしょうか？

　まあ，今日は神経解剖学的な話は割愛していますので，この
辺の説明は拙著でも参考にして頂くとして［津田 2019］，突っ込
んだことは言えないんですけど，ただこの腹側迷走神経複合
体っていうのは実は，迷走神経だけじゃなくて，5つの種類の
脳神経の複合体ということなんです。三叉神経，顔面神経，舌
咽神経，副神経，それと腹側の迷走神経と合わせて計5つの脳
神経が合わさってできている複合体なんです。だから，迷走神
経だけの働きじゃないんですよね。三叉神経，顔面神経，舌咽
神経，副神経の支配領域も全部含んでくる。その働きもこの複

合体の働きのなかに含まれることになってきます［Porges 2011, pp.109-15］。

　なんでこの５種類の神経なのかと言うと，これも比較神経解剖学的な説明が本当は必要なんですけども，昔，魚の時代，水棲動物だった時代に，鰓で呼吸していた。その鰓の孔を動かす神経として，この５つの神経がとても緊密な協働関係にあったんですね。で，その時代からの，その仲間のよしみが，鰓がなくなって陸に上がって，そして哺乳類になった時代にもう一度この腹側迷走神経複合体っていう形で返り咲いたわけですね［Porges 2011, pp.115-33］。もう鰓は消滅して，５つそれぞれちがう仕事をしているんだけど，それでもなお，この昔からの仲間のよしみの関係は崩されずに保たれているってことが，この複合体を構成するうえで非常に重要になっているんですね。

　昔からあるっていうのは，要するに鰓ができたときからってことになりますので，今わかっている脊椎動物の歴史からいくと，鰓を持っている生物ができてきた最初は，今いちばん遡って５億2000万年前と推定されています［津田 2022, p.45］。この図表５に書いてあるように，**５億2000万年来の協働関係**がこの５つの神経どうしの間にあるんですね。だから，自律神経の３つのなかで一番新しくできたのが腹側迷走神経複合体なわけですけど，実は５億2000万年の歴史を湛えた，非常に古くからある仲間関係が，装いを新たにしたものなんですね。

　こうして５つの鰓由来の神経が，お互い切り離せない緊密な連動をしながら，今はそれぞれ別々の支配領域を動かしている。それを挙げてみると，まず**心拍のリズム**。これは<u>腹側迷走神経</u>がやっているわけですね。で，そこに心拍変動の「揺らぎ」ということが，健康の条件で関わってくるんですが，なんで心拍

図表5　ポリヴェーガル理論における「安全」反応

に揺らぎが起こるかっていうと実は，**呼吸のリズム**が干渉するからで（呼吸性洞性不整脈），この２つが，腹側迷走神経のまず１つ大きな働きになるわけです。

そして**顔の表情**。これは，三叉神経と顔面神経が絡んでくることになります。それから声を出す**発声**ですね，これも腹側迷走神経がやっています。

そして今度は**聴声**。声を聞く方ですね，耳でね。これも三叉神経と顔面神経が，中耳の中にある人体最小の骨（耳小骨）と人体最小の筋肉（耳小骨筋）を支配することで，どの周波数帯の音を聞き分けるのかを調節しています。これは，特に哺乳類では，ちょうど同種動物の声を優先的に聞けるようにチューニングされているっていうことなんです。そうすることで，捕食動物には聞かれずに，同種動物どうしだけで声のコミュニケーションができるという，いわば**声の安全空間**を作ろうとした――それがこの聴声ということでの腹側迷走神経複合体の役割なんですね。こういう形で，安全空間っていうことが哺乳類のなかで非常に重要になってきます。それに寄与しているのが，この

腹側迷走神経複合体なんですね。私たちヒトのやりとりの本質があくまで言語的（verbal）というより音声的（vocal）であり続けるのも［Sullivan 1954=1986, pp.23-5］，このためでしょう。

それから，**頭の傾き具合とか回転具合**っていうのも，これも実はお互いどうし対面でコミュニケーションするときに，非常に多くの情報を与えてくれます。これは**副神経**が主にやってくれています。

それから，まあ，それ以外に上咽頭，内分泌，免疫系に至るまでもが，これらに関わってくることになります。

以上の心拍，呼吸，顔の表情，発声，聴声，頭部の傾き・回転，これらが鰓の時代以来の緊密な連動を崩さないことが重要です。どれひとつとして他に背いた勝手な動きができないんです。ひとつが動くと，他も同じようにそれに合わせて連動をするんです。だから例えば，心拍が穏やかなリズムであれば，呼吸も穏やかなリズムだし，顔の表情もゆったりと穏やかだし，声もゆったりと抑揚に富んで穏やかな声になるし，みたいな形でね，どれもお互い背くことができないんですね。顔の表情だけは穏やかで，でも声は金切り声をあげるとかね，ドスの効いた声で威嚇するとかね，そういうことができないんですね。顔の表情が穏やかだったらやっぱり，心臓はドキドキしているとかってのも，とても難しいことなんですね。

こうやって，鰓由来のこの5つの脳神経が「シナジー的」（synergistic）に連動しながら作動する［Porges 2011, pp.110-1, 192］。しかも，それらの支配する領域ってのは全部，対面的なコミュニケーションの際に働く部位ばかりなんですね。なので哺乳類になって，これが社会的な関わりのシステムという形になって

きた。これが腹側迷走神経ってことなんですね。ポージェスは
「**統合された社会的関与システム**」と呼びましたが［Porges 2011］，
これが「安全」ということの神経解剖学的な基盤になる。

　さっき「ニューロセプション」のところでね，例えば，目の
前にいる相手が安全かどうかっていうのを絶えず見分けている
わけなんだけど，じゃあそのとき何をトリガーにして見分けて
いるのかというと，例えば目の前にいる人の顔の表情はどうな
んだろうか，声の調子はどうなんだろうか，どんな声で聞こえ
てくるんだろうか，頭の傾き具合とか回転具合，ちゃんとこっ
ちのことをまっすぐ見てくれているんだろうか，目を逸らして
いないだろうかとか，そういうようなことがトリガーになるわ
けですね。で，それを見て，ああ，この人は，安全そうだなと。
それがなければ，この人なんかちょっと怪しいな，危険かもし
れないなとかってなるわけです。だから相手のその，**腹側迷走
神経複合体の働き具合を見て**私たちは，安全かどうかを見てい
るってことになりますね。

　で，もし相手が腹側が働いているなってことがわかって，こ
の人は安全そうだなって思うと，今度は自分も腹側が働いて
安全な感じになるっていう。そういう**共鳴の関係**［津田 2019,
pp.267, 289］があるということもここで大事になってくるかなと
思います。

心身の「安全」感と耐性領域

　このように腹側が働いているとき，ポージェスはさっき見た
ように，酸素代謝要求という，あくまで生物学的なところで説
明をするわけなんだけど，ポリヴェーガルが臨床心理の領域に
入ってきたときに，あまりに生物学的な説明が多いとやっぱり，

○腹側迷走神経複合体の「耐性領域」では，最適な覚醒レベルにあって，不穏な刺激にも，柔軟かつ臨機応変に，落ち着いて対処できる。つまり，心身は最も「安全」感を感じている。端的にいえば，"揺らいでも，ブレない"。いやむしろ"揺らぐからこそ，ブレない"。

交感神経系では"揺らぎまくり，ブレまくる"。背側迷走神経複合体では"揺らぎも，ブレもしない"。

○２段階の治療目標の視座
・ストレス・トラウマからの回復
　高覚醒（交感）・低覚醒（背側）から最適覚醒（腹側）へ
・ストレス・トラウマからの成長
　最適覚醒（腹側）のフィールドの拡張

覚醒レベル

高覚醒
（交感神経の覚醒）

最適な覚醒ゾーン
（腹側迷走神経）

低覚醒
（背側迷走神経）

治療プロセス

感覚の増大
情動の反応性
過剰な警戒状態
イメージの侵入
無秩序な認知処理

耐性領域
（[Siegel 1999,
pp.253-8;
Ogden et als. 2006
=2012, p.36]）

感覚の相対的な不在
感情の麻痺
無効な認知処理
身体的な動きの減少

覚醒レベルの３段階と耐性領域
[Paulsen 2009＝2012, p.195] を改変

図表６　心身の「安全」感と耐性領域

　なかなかついていくのが大変だということで，もっと心理的なレベルで説明できないかっていうことで出されてきたのが図表６の，覚醒レベルで見るというモデルですね。

　実はこのモデルは，ポージェスが作ったんではなくて，パット・オグデン，いわゆるSP（センサリーモーター・サイコセラピー）の創始者であるあのパット・オグデンが，自分のそのセラピーの説明をするときにポリヴェーガル理論をかなり使って説明をしているんですが，その説明をするときに，この覚醒レベルで３つの自律神経システムの区別をつけるっていう説明をしているんですね [Ogden&Minton 2000；Ogden et al. 2006]。

　そしたらこれが，わかりやすい・使いやすいってことで，心理の領域では特にあっという間に広がってですね，このモデ

ル自体が，ポージェスが言い出したんだと思い込んでいる人が沢山いるぐらいに広まっています［Paulsen 2009=2012］。実はパット・オグデンが，いや元々は，ダニエル・シーゲル［Siegel 1999］という脳科学者が前頭葉の領域での自律神経の制御の説明に使っていたものをパット・オグデンが，これはポージェスの自律神経の説明にも使えるぞって思って，転用したものなんですね［津田 2019, p.10；津田 2022, p.112］。

　このモデルでは，こんなふうに説明します──つまり，覚醒度が高すぎるものが交感が働いているとき。覚醒度が低すぎるときが背側の場合。その真中のちょうどいい最適な覚醒ゾーンにあるのが腹側の場合だと。

　で，この最適な覚醒ゾーンの腹側にいるときは，少々のよくない刺激があったとしても，そこに耐えられるというので，「耐性領域」あるいは「耐性の窓」という言い方もされています。"window of tolerance" ですね。

　要するに，この腹側の「耐性領域」にいると，最適な覚醒レベルにあって，そこに不穏な刺激がやってきても，柔軟かつ臨機応変に落ち着いて対処できるということです。この柔軟かつ臨機応変ってのは，さっきのあの "チューニングダイヤル" の話を思い出してください。腹側はあくまでやっぱり臨機応変にチャッチャッチャと即応できることがすごく大事です。だから少々の刺激が来ても，それに即応して自分自身はブレないというイメージになってきます。**柔軟かつ臨機応変に，だけど落ち着いて対処できる**という。これが要するに，心身が最も安全感を感じている状態ということなんですね。

　もっと端的に言うと，「**揺れることはあってもブレない**」というのが，腹側の状態に近いかなと思います。「揺れることは

あっても」というのは，さっきあの心拍のリズムのところで言ったように，腹側が働いているとき，あるいはそもそも有機体っていうのは健康なときは，実はいろんなリズムが「揺らぎ」を持っています。機械的に本当に一定のリズムになっちゃう場合ってのはむしろ危ない状態で，「揺らぎ」を含んでいるリズムが一番健康な状態なのですね。そこからもわかるように，「揺らぎつつも，でもブレない」という状態がですね，この腹側の安定した安全感ってことになってきます。

　もっとも今の説明から言えば，「揺らい**でも**」というよりむしろ「揺らぐ**からこそブレない**」というふうに言ってもいいかもしれない。これは有機体のですね，実はいろんな現象がこの性質を持っていて，実は「揺らぎ」を持っているってことは，いろんな選択肢をそれ自身がもう内在的に持っているってことになるんですね。だからこそ，少々の不測の刺激が来ても，その揺らぎのなかのどれかの選択肢で対応できるので，結局それで落ち着いて臨機応変に対処できるんですよね。なので，「揺らぐからこそブレない」っていう方が実相に近いかもしれません。

　これに引き寄せて比較すれば，じゃあ交感神経の場合はどうかって言ったら，**「揺らぎまくるしブレまくる」**みたいな感じかな。そして背側の場合は，こりゃあ**「揺らぎもブレもしない」**っていう感じでね。ブレもしないから一見すると安定しているかのように見えるんだけど，逆に揺らぐこともないっていう，とても硬い状態になってくる。ブレていないので落ち着いていて，「自分は腹側にいるんだ」って鼻高々に思いたいところなんですけど……。「揺らいでもブレない」のか，「揺らぎもブレもしない」のか，っていうこの区別は，案外大事なんではないかな。瞑想とかしてて，この区別がわからなくなるってこ

ともあるみたいだものね。背側なのに"マインドフル"だとか,ついに"悟った！"とか（苦笑）……。

腹側が「揺れてもブレない」のは,**自分軸が確固として存在している**からです。他者軸も尊重しながら,自分軸を確保しているからです。つまり,腹側迷走神経複合体の「安全」な「社会的関わり」とは,**人と一緒にいて自分でいられること,1人でいられるし,みんなといられること,自分も大切にでき,他者も大切にできること,"自分も OK,相手も OK！"**ということなのです[*3]。これぞまさしくロジャーズのいう,「自己一致」の状態に相当しないでしょうか。あるいは,語の本来の意味での「自己実現」の状態に[*4]。

耐性領域の臨床的意義

ところで,パット・オグデンのモデルがすごく広がったのは,これがセラピーを進めていくうえでの目標設定にもすごく使える,という面もあったからです。つまり,まずストレスなりトラウマなりから,どう回復していくかっていう,差し当たりの目標を考えるときに,例えば交感の人は高覚醒だし,背側の人は低覚醒なわけだけど,高すぎたり低すぎたりしているのを最適なところへ持っていく。つまり,高いところにいる人とか,低いところにいる人を,真ん中のところへ持って来れるように介入していくっていうことがまず治療の目標になるんではないか。そう見ていくと考えやすいということがあるんですね。いわば**「回復」の目標**ですね。

その次に,もう1つ第2段階の目標として,今度は**「成長」の目標**とでも言えそうな目標が立ちます。さっきのは,いかに最適のところへ戻してあげるかってことだったけど,今度はこ

の最適なゾーン自体の幅を広げてやろうじゃないかと，そういう目標ですね。すると例えば，刺激が来たときに，今までだったら高覚醒で反応しちゃっていたのが，今やもう最適な覚醒ゾーンがその辺りまで広がっているとすれば，そこに刺激が来られてもこれは最適な覚醒ゾーンの範囲内になるので，柔軟かつ臨機応変に落ち着いて対処できちゃうことになります。「揺れまくりブレまくる」んじゃなくて，「揺れてもブレない」反応になる。こうやって，この耐性領域の幅を広げるっていうことを，いわば成長というふうに位置づけることもできる。まあパット・オグデンはそこまで言っているわけじゃないけど，そういうふうに考えることもできるかなって思うんです。たぶん彼女も，そんなふうに考えているんじゃないかなと，私は秘かに思っているんですけどね。

ポージェスにとって「安全」とは何か

　だけどそもそもポージェスにとって，「安全」な状態とは具体的にどういうことが想定されているんだろう。そんなことも気になってきます。それをちょっと整理しておきますね。

　1つは，物理的な安全をまず何より重視しているってことがすごく特徴的です。特に低周波音にさらされる環境を避けた方がいいということを執拗に言うのです［Porges 2017：津田 2022, p.193］。低周波音ってのは進化上，危険の兆候であるので，例えばセラピールームなり，病院なり教室なり，何でもいいんですけど，そういう癒しに関わろうとする空間が低周波音に満ちているとすれば，それは絶対やめた方がいいという。そこを整えない限りは，心理的な安全もへったくれもないと言うんです。それをまずもう繰り返し強調している。そのうえで心理的な安

全の話をしていくんです。

　では心理的な安全っていうのを，ポージェスは具体的にどう考えているのか？　まあ初期の頃は特にですね，ポージェスが繰り返し言っていたのは，**友と敵の区別**ということですね[Porges 2011, pp.15, 190, 265]。つまり，自分が仲良くしていい人と，仲良くしちゃいけない，しない方がいい人の区別みたいなことですよね。セラピー用語で言えば，「バウンダリーの確立」にも通じるでしょうか。これを大体 2005 年ぐらいまで，ポージェスは繰り返しずっと言っていました。

　ただ，まあ，友・敵の区別はですね，ちょっといろいろ曖昧な面があったり，いろいろちょっと面倒な問題も出てくるところがあります。何より友・敵の区別ってのは，ある意味，戦争の定義でもある[津田 2019, p.204]。戦争の場合，誰が味方で誰が敵なのかをはっきりさせて，敵を殲滅するわけですから，友・敵の区別って非常に重要になってくるんですね。ちょうど，安全とは反対の意味で友・敵の区別が重要になりますね。というか，ここでは，安全と戦争はピッタリ背中合わせになっているのです。実際，歴史上ほぼすべての戦争は，自分たちの安全を守るための聖戦なのでした[同]。

　それでなくても，「友と仲良くして，敵は差別したり排除したりして，それで安全とか言うのってどうなのかな？」っていう話にもなってくるわけですね。そんなわけで，このレベルで定義する「安全」は，あとで出てくる「同じだからつながる」安全にもつながるでしょうが，本質的にちょっと曖昧な面を持っているんですよね。

　そのせいかわかりませんが，後にポージェスが改めて言うようになったのは，**予測可能性**ってこと。これを非常に強調し

て言うようになります［Porges 2017, p.105］。予測可能性があって，その空間に一定の構造があるということが重視されます。ただこの予測可能性ってこともですね，ちょっと補足をしておいた方がいいかなと思うのは，腹側はさっき見たように臨機応変性があります。でも予測可能性って，十年一日のごとく同じことが起こるという意味での予測可能性と，もっとダイナミックに，そのつど変化しながらも見通せる臨機応変な予測可能性とがあるんで，そのちがいを分けておかなきゃいけない。言ってみれば，後者の臨機応変性を持った予測可能性，これが腹側ってことになってくるんではないか。一方前者の，不変ゆえの予測可能性の方は，むしろ背側に近い感じがします。

　とするなら，腹側は**臨機応変な動的な予測可能性**。背側はむしろ静的な予測可能性ということができそうです。これに対して，交感は動的な防衛行動であり，それに引き比べれば背側は，静的な防衛行動になります。

「ブレンド」：自律神経の3段階論のさらなる展開

　さてここまで，ポリヴェーガルの自律神経の3段階論を大体まとめてきました。ところがポージェスは，さらにここから3段階論だけに留まらなくって，「ブレンド」ないし「カップリング」という議論をするのです［Porges 2011, pp. 162, 168；Porges 2017, p.7］。

　この「ブレンド」についての紹介というのは，日本でも必ずしも十分ではないと思うんですが，実はポリヴェーガル理論の臨床応用のことを考えるうえでは，非常に重要な視座ではないかと思います。そして，これから先の私の話も，この「ブレンド」ってことなしにはちょっと進められないので，ここで少し

立ち入って検討しておきたいと思います。

　ポージェスはポリヴェーガル理論を 1994 年から言い出した
んですけど，1998 年ぐらいからですね，この「ブレンド」と
いうことをさかんに言うようになります [Porges 2011, pp.162, 168]。
つまり，自律神経の３段階というのは，この３つの各々が個別
に全か無かで働くというよりは，ブレンドないしカップリング
し合ってグラデーションをなすんだと言うようになります。そ
うすると３つあるものがさらにカップリングすることになると，
その仕方が３通りできることになりますよね。交感と背側，腹
側と背側，腹側と交感。このうち，後二者は腹側の絡んだ「ブ
レンド」，前者は腹側が絡まない「ブレンド」。前者は実は，交
感のみと背側のみに次ぐ，３番目の防衛反応として重要です。

　ただ今日は，治療関係のセラピーへの有効性の話なので，後
二者の方に焦点を当てていきたいと思います。前者の方も，い
ろんな重要なことがあるんですけど，今日はそこはちょっと割
愛して，後二者の方に絞ることにします。ポージェスも実は，
こちらの方が言いたくって最初「ブレンド」の話を始めたフシ
がありますし。

　しかも彼自身，臨床に自分の理論がどう応用されていくの
かっていうのをどっかで意識しながら，この議論を展開してい
るような気がします。ただ彼自身は臨床家ではなく，あくまで
研究者ですので，臨床に関わるようなことを直接にはほとんど
述べません。でも，そのための何かヒントになることをですね，
いろいろ模索している感じがして，それがこの「ブレンド」と
いう議論に託されている気がするんですね。

　だけれども，腹側と背側がブレンドするとか，腹側と交感が
ブレンドするとかって，そんなことがそもそもあるのかってい

う疑問も出てくるかと思うんです。なので，まずはポージェスの語るところに耳を傾けてみましょう。すると，それぞれのブレンドを彼は，「安全な不動化」あるいは「自由な可動化」と位置づけています。どういうことでしょうか？

腹側は自律神経の３つのシステムのなかで，一番進化したシステムなわけですが，するとその下に，旧来のより原始的な２つの自律神経があるわけですよね，背側と交感っていう。で，その２つを自分の下に改めて再編入する（co-opting）というのがこの２つのブレンドの意味なんですね [Porges 2011]。一番上にある腹側が自分の懐の下に，背側を入れたり，交感を入れたりして，背側や交感を新たなシステム，アクチュアルなシステムとして，新たな形で作動させることができるんだというんです。

で，腹側の下に背側がブレンドしたものを，「**愛**」（love）というふうにポージェスは最初呼ぶんですね [Porges 2011, p.172]。これが「**安全な不動化**」ってことになる。腹側の安全と背側の不動化が組み合わさって，「安全な不動化」あるいは「恐怖なき不動化」というのです [Porges 2011 ; Porges 2017]。元々の背側は恐怖によって不動化するわけだったんだけど，今度は恐怖がなくて，むしろそこに愛があるからこそ不動化するというわけですね。つまり，信頼し合い，愛し合っているからこそ，仲がいいからこそ，お互いじっとそこに一緒にいることができるっていうことですね。特に何か用があるわけでなくても，ただ一緒にいるっていうそのこと自体を享受できる状態になるんだとポージェスは考えていて，このときにオキシトシンが作用していると言うんですよね。言ってみれば，**動かないでいるっていうそのこと自体を共に享受できる**，そういう**安全感**と言っても

いいかもしれない。

　他方，腹側の下に交感神経がブレンドすると今度は，これは「**あそび**」（play）だって言うんですね［Porges 2011, pp.156-7, 276］。「**安全な可動化**」とか「**自由な可動化**」とも言います［Porges 2011, pp.12, 275-8；Porges 2017, pp.80-2, 243］。これは，可動化は可動化でも，「戦うか逃げるか」の可動化じゃなくって，もっと「自由に可動化する」ということなんですね。お互い安全感があるどうしの間柄で，自由に可動化する。これこそがあそびの本質だ，とポージェスは考えています。

　するとこれはこれで，今度は動くことそれ自体を享受しているような感じになります。あそびっていうのは，そのあそびの結果，何が手に入るかってことに関係なく，あそんでいる活動それ自体が楽しみなわけじゃないですか。言ってみれば，**動くことそれ自体を共に享受することができる，そういう安全感**と言ってもいいかもしれない。

３種類の社会性，３種類の安全

　ポージェスは，こういったことを「ブレンド」として考えるんですね。そうするとこの２つのブレンドを入れた形でポージェスは，つい最近まで，５つの生理心理的な基本状態ってことをよくまとめて言っていました［Porges 2011, p.346；Porges 2017, p.186］。図表７にまとめてありますが，そのなかのまず太字で書いてあるのが，元々ある自律神経の３つのシステムです。「社会的関与」は腹側，「可動化」は交感，「不動化」は背側ですね。それに加えて「あそび」という，今言った交感と腹側のブレンド。それから「恐怖なき不動化」という，背側と腹側のブレンドですね。これらを合わせて５つの基本状態があること

		社会性	安全感	危険感	活動性
1	社会的関与	◎	○	×	○
2	可動化	×	×	○	○
3	あそび	◎	○	○	○
4	不動化	×	×	○	×
5	恐怖なき不動化	◎	○	×	×

★3種類の社会性＝3種類の安全の可能性
★可動化と不動化のブレンド（「狭義の凍りつき」）の言及なし→やがて編入
★社会的関与・可動化・不動化の3つのブレンドの可能性（フロー，ゾーン!?）

図表7ａ　5つの生理心理的な基本状態
［津田 2019, p.346；津田 2022, p.186］

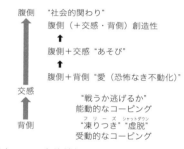

図表7ｂ　自律神経の3段階と3段階の「安全」

になります。するとこのなかで，腹側が絡んでいるのが1，3，5ですね。腹側オンリーのものが1。腹側と交感のブレンドが3。腹側と背側のブレンドが5です。

　となると，この3つはいずれも社会性を持っているってことになる。そして，安全感を持っているってことにもなる。すると最初にポージェスは腹側で安全なんだ，社会性があるんだって言っていたわけなんだけど，このブレンドを考えていくと3種類の社会性があることになる。「社会的関与」と言っていたものと，「あそび」と，「恐怖なき不動化」の3種類の社会性，

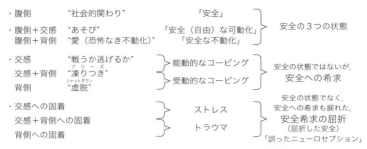

図表 8　自律神経の 3 段階と「安全」の諸形態

あるいは 3 種類の安全があることになる。腹側と背側，腹側と交感から，腹側の単独と，3 種類の安全があることになる。ここはとても大事です。社会性も安全も 3 種類あるんですね。

後でもまた話しますが，3 種類の安全は「安心としての安全」，「信頼としての安全」，「自己実現としての安全」という 3 種類の安全としてみることもできます。また 3 種類の社会性は，「同じだからつながる」社会的関わり，「ちがうけどつながる」社会的関わり，「ちがうからつながる」社会的関わりの，3 種類の社会性としてみることもできます［津田 2023b, pp.51-2］。「ちがうからつながる」社会的関わりは，「つながるからちがう」社会的関わりでもあって，そのときはじめて自己実現が成立するともいえるんですね。

自律神経の 3 段階と「安全」の諸形態

このようにポリヴェーガル理論から，3 通りの社会性，3 通りの安全を引き出すことができますが，するとこの自律神経の 3 段階から出てきたいろんな状態があるわけなんだけど，図表 8 にまとめたように，このどれも「安全」のいろんな形態とし

て位置づけることもできます。

　まず今見たように，腹側単独のものと，腹側と交感のブレンド，腹側と背側のブレンド，この３つが安全の状態ということになりますよね。安全には３つの状態がある。「社会的関わり」と，「あそび」と，「愛」ないし「恐怖なき不動化」の，３つの安全をポージェスは考えていることになります。

　そして次に，交感があり，背側があり，あと今日は飛ばしましたけど，交感と背側のブレンドってのがある。この３つは防衛反応なわけですよね。この防衛反応は，でも能動的なコーピング，受動的なコーピングと，どちらもコーピングなわけで，それ自体は安全な状態ではないけれども，安全に向かおうとする希求なんだということを見ました。だからこれも「安全」という言葉を使って説明できるわけです。

　問題になるのは，その交感なり，背側なりが，戻ってこれなくなっちゃって，そこに固着したままになっちゃっている状態，これが「ストレス」とか「トラウマ」とかという状態なんだというのでした。

　これはもちろん安全な状態ではない。そもそもは安全への希求ってことで始まったんだけど，それも屈折し，ねじれてしまって，満たされない状態になっている。なので「安全希求の屈折」，あるいは「屈折した安全」といえるのではないかと見てきました。ポージェスは「誤ったニューロセプション」と呼んだのでしたね。

　こんなふうに，ポージェスが言っているいろんな段階をですね，「安全」のいろんな形態として，改めて位置づけ直すことができるんではないか。自律神経の３段階のどの段階も，そしてその健全な状態も病的な状態も，そのすべてが「安全」のさ

第2章　心身の安全感とリソース　87

まざまな形態として，「安全」の一語で整理できてしまう。

　だったらそれは，そのすべてが一種の「**リソース**」だとも言えないだろうか。ポリヴェーガル理論の臨床論をその最尖端まで突き進めてきた私たちは，今まさにこの地点で，ミルトン・エリクソンの治療論との交錯に，俄かに直面することになります。「安全」と「リソース」の接点が，俄かに重要な意味を担い始めます*5。

3. ポリヴェーガル理論からエリクソニアン・アプローチへ
　〜「安全感」のセラピーと「リソース」のセラピー〜

"ヘンテコな" セラピー!?

　それでは今度は，ポリヴェーガル理論からエリクソニアン・アプローチへってことで，ポリヴェーガルとエリクソンの接点を見ていきたいと思います。これは非常に重要な接点です。

　エリクソンのセラピーと言えば，多くの人が，特によりによって心理畑の人がですね，「エリクソンのセラピーって，ああ，あの "ヘンテコな" 課題を出す人ですよね」みたいな話になるんですね。まさに「アンコモン」っていうわけなんですけど。大谷先生がね，『アンコモン・セラピー』［Haley 1973=2001］という本のアメリカでの大流行のことを教えてくださいましたが，まさにそのヘンテコなセラピーとして，エリクソンのセラピーは一般には知られるようになったんですね。

　ただですよ，一番大事なのは，そのヘンテコな課題を，確かにエリクソンはよく出すんですけれども，何でクライエントたちがそのヘンテコな課題を，あんなに大真面目にやり遂げるのか？　あるいは，やり遂げようとするのか？　そして，実際に

本当によくなってしまうのか？っていう，そこなんですよね。おそらくそこにこそエリクソンセラピーの秘密は隠されていると思って，まあ私自身がですね，それを探るために，もう随分昔に，エリクソンを一生懸命研究した時期がありました。5年間ぐらいね。その結果，あるささやかな結論を得たんです。以後私，随分セラピーがやりやすくなりました。その話も今日はここでちょっとできたらと思います。

　ただ，このヘンテコな課題ってことについては，実はもうエリクソン自身が，最晩年に自分でこんなふうに語っているんですね。彼は自宅で開業していて，待合室には自分のお子さんたちとか，家族が常にいてですね，子どもたちはその患者さんたちに育ててもらったっていうぐらいにとても懇意にしていたんですね。だから治療が終わると，その患者さんたちから子どもたちは，「今日はエリクソン先生にこんな課題を出されたんだよ」とかって，結構聞かされたりしていたんですよね。そんなわけで，エリクソン曰く，「私の家族も，なぜ患者さんたちはあんな気ちがいじみたことを，あなたの言う通りにするのか」って訊くんだと。だけど，「いや私は，それを患者さんにとても真面目に，そう言っているんだ」と答えるんですね。患者さんは，私の意味するところをちゃんと知っていると。私は非常に誠実だ。ヘンテコなことなんかやっているつもりはない。だから患者さんが絶対にやるだろうと信じていると。あんな馬鹿げたことを患者さんたちはやってくれるだろうか，なんて思ったことは決してない。そうではなくってむしろ，きっとやるだろうと思っているって言っているんです。

　さあ，エリクソンはじゃあ一体何をやっているんだろうか⁉ということになってきますよね！

> ・患者と仲間になりなさい！
> （Join the patient！）
>
> ・患者の言葉で話しなさい！
> （Speak in the patient's language！）
>
> ・患者に呼吸を合わせなさい。
> すると直感的に患者に同調することができるのです。
>
> ・無意識を信頼しなさい。
>
> ・観察せよ，観察せよ，観察せよ！
> （Observe, Observe, Observe！）
> 事実を超えてはいけません。
>
> ・患者が今いるところから理解しなさい。
>
> ・治療をする人，それは結局患者その人なのです。
>
> ・セラピストは重要ではありません！　変化の責任は常に患者のもとへ！
>
> ・治療に抵抗するクライエントなどいません。
> 柔軟性に欠けるセラピストがいるだけです。

図表 9　エリクソン語録〜エリクソンの治療姿勢を物語る言葉〜

エリクソンのセラピーの特質

　まず入口として，エリクソンがセラピーをするうえで何を大事にしていたかを物語るいろんなフレーズを，図表 9 に「エリクソン語録」として集めてみました。これはエリクソンが自分で本当に言ったっていうのもあるし，弟子たちがエリクソン先生はいつもこんなふうに言っていたよねっていうのもあるし，弟子たちが作り上げて，エリクソン先生が言っていたのは要するにこういうことだよねっていうのもあります。

　まあ，どれもそれぞれ，エリクソンの大事な一面をよく物語った言葉たちです。これらがどういう意味を持つのかを，これから見ていきましょう。そのために，これも踏まえながら，

> ①CI の "ありのまま" への信頼
> ②CI のパターンの精細な観察
> ③安全の場の巧みな構築
> ④「リソース」の重視とその「利用」(ユーティライゼーション)
> ⑤心身一体の交流としての共感
> ⑥"ありのまま" の再編成としての変化
> ⑦理論は答えではない：答えは CI 本人のなかにある

図表 10　エリクソンのセラピーの特質

エリクソンのセラピーの特質を図表 10 に 7 つぐらいにまとめてみました。それぞれ順番に辿っていくと——

①まず一番大きいのは，クライエントのありのままへの信頼ってことです。そしてそれができるためには，②クライエントが持っているパターンを，実に精細に観察しているということです。さっきの図表 9 にあった，「事実を超えてはいけません」というのは，そのありのままをちゃんと観察するということにほかなりません。③そうやって非常に巧みに安全の場を構築するということ。その際，④本人のリソースを非常に重視して，それを「利用」(utilization)［Erickson 1959］していくということ。それから，⑤患者さんとの間で心身一体のレベルで交流する形で共感するということ。そして，⑥いわゆる「変化」というのも，結局はその人のありのままの延長であって，ありのままを再編成しているだけのものということ。だから⑦理論が答えではないんだということ。答えはあくまで，クライエントの本人のなかにあるということですね。

このように，今これだけを並べると，何だそんなこと，いま誰だってあちこちで言っていることじゃないかっていうのがいくつかあるかと思うんだけど，多分みんながそう言えるように

なった元祖が，実はエリクソンなんですよね。そこから流派を超えて今，いろんな人たちがこれらのことを言えるようになった。リソースが大事だとか，共感がどうとか，答えはクライエント本人のなかにあるとかね，みんな言うわけなんだけど，元を辿るとやっぱりエリクソンからこういうことは始まっている。それをしっかり押さえておきたいのです。

①"ありのまま"を信頼する

　さてそうしましたらまず，ありのままの信頼ってことから見ていきたいんですが，私が何でエリクソンが出すそんな変な課題をクライエントが本気でやるんだろうかってずっと思ってて，エリクソンを夢中で研究して辿り着いた結論っていうのが，結局はそのヘンテコな課題っていうのも，その1つ1つが全部クライエントのありのままの肯定であって，それらのいわば集合体になっているってことだったんですよね，要するに。エリクソンは，クライエントのありのままを徹底的に細かく見ていて，それを徹底的に信頼して，そのありのままを集めて，それに基づいてセラピーのプロセスを構築しているんですね。そうすれば結局必ず，クライエントは行くべきところに行くんだっていう，そういうことなんだと。5年ぐらい研究して私，そのことが初めてよくわかりました。

　なので，一見ヘンテコに見える課題の指示も，実はクライエントの症状をも含めた，すべてのありのままの肯定を組み合わせたものになっているということですね。

　とすると，これ自体が端的にリソースの「利用」なんですよね。それを結集して，1つの課題にして，あなたはこれをやりなさいっていうふうにしているわけなんです。だから，言われ

たクライエントとしては、もう最高度にその自分を肯定、全肯定されて、安全感のもとにあるわけですよね。

　なので、実にもう自然に、いや「じねんに」と読んだ方がいいかな。というのも、エリクソンはですね、自分のセラピーで、ほとんど自分の手法に名前をつけることはないんですけど、彼が珍しく言う言葉が、"naturalistic" という言葉なんですね。自分のアプローチは「ナチュラリスティックなアプローチ」なんだと ［Erickson 1958］。これは普通「自然主義アプローチ」とか「自然志向アプローチ」というふうに訳されるんですが、でもこれだと自然環境とか自然界とかの「自然」と区別できない。エリクソンが言いたいのはそういう「自然」じゃなく、「自ずから然る」（おのずからそうなっていく）っていう意味での「自然」なんですね。日本語にすればそれは、「じねん」という読み方が近い。まあこれ、たまたま私のオフィスの屋号でもありその含意でもあるので、それにもちなんで、勝手ながら「じねん」と読ませて頂きますね。

　すると「じねん」に、「自ずから然る」ように課題を遂行していって、いわば本来の自分になっていく、そういう形でよい変化が起きているんで、結局ありのままを本当に徹底的に信頼して、それを組み合わせることで、一見「指示」といわれるような形になっているのですね。

　患者をあるがままに理解すべきだとエリクソンがいうのは、そういう意味です。娘さんのベティ・エリクソンが、「父は人々を受け入れ、ありのままのあなたでいい、それで問題ない。しかしあなたが自分の状況をより幅広いものにするならば、あなたはより幅広く行動して理解することができるようになると教えていたのです」［Erickson & Keeney 2006=2018, p.60］と言って

いますが，まさにそういうことだと思います。

　こうやってもう，ありのままをとにかく信頼するってことが，本当に徹底的に行われているんですね。だからこそ，一見ヘンテコな課題にもなってくるんです。というのは，クライエント自身がね，さっき言った「屈折した安全」じゃないですけど，矛盾や無理や卑屈や迎合や……ってね，いろんな思いが複雑怪奇に絡まり合ってこじれているからヘンテコなことになって苦しんでいるので，そのありのままを全肯定して課題を出せば，当然（他の人からみれば）ヘンテコな課題になるんですよね。でもあくまで他の人からみれば，です。本人からすれば，こんなにリアルなものはない。なのでエリクソンのセラピーをヘンテコって揶揄するなら，何よりクライエントのありさまを揶揄しているにすぎないんだってことは，私たち，ちゃんと自覚しておいた方がいいですよね。

エリクソンとロジャーズ

　このようにエリクソンのスタンスを解きほぐしてみると，ここで私たち，カール・ロジャーズのカウンセリング論と不気味なまでに響き合うところに立ち至っているのに気づきます。

　エリクソンとロジャーズ。意外に知られていないことですが，この2人，実は全く同世代なんですね。全く同世代のこの2人は，一見対極的なセラピー技法によって，極めてよく似た，一個の人間を根源的に尊重し続ける，パーソンセンタードなセラピーをそれぞれに展開したと言うことができます。

　全く同世代というのはですね，エリクソンは1901年12月5日生まれ，ロジャーズは1902年1月8日生まれということで，わずか1か月ちがいの生まれなんですね。そして，どちらも大

学は同じウィスコンシン大学，まあ，学部はちがいますけれども，それぞれ伝記的事実で若干ブレがあるかもしれないとしても，ほぼ同じ時期に入学して，そして大体どちらも 1930 年代には自分のセラピーの基盤が形成されてくる。そんな辺りからして，何か不思議な因縁があります。

　だけど，セラピー技法は基本的に普通対極的に言われて，エリクソンはすごく指示的で，ロジャーズは非指示的で，水と油であるかのように言われるわけなんだけど，実は非常によく似たものになっている [Gunnison 1985]。ロジャーズのいわゆるクライエント中心療法って言ったときの，あのいわゆる「3 原則」ですね。無条件の肯定的関心，共感的理解，自己一致の 3 原則 [Rogers 1957]。これと，さっき言ったエリクソンの自然志向アプローチ，それに具体的なリソースとその「利用」ってことになるかと思いますが，これがほぼ同じものを指しているんではないかと思うんですよ。

　しかもそれはまた，この 2 人からは半世紀弱遅れることになりますけど，今日ポージェスが強調している「安全感の確立」っていうこととも，強く響き合っているんではないか。もっとも，ロジャーズとエリクソンは，あくまで人間を対象として言っているけど（ただしロジャーズは人間を「有機体」として捉える），ポージェスは人間にとどまらなくて，哺乳類にまでそれを基礎づけている。そんなふうにちょっとちがいますけれども，狙っているところはかなり共通しているんではないかと思います。

　エリクソンが，ロジャーズについて言及している箇所が実は 1 箇所あって，そこではこんなふうに言っているんです。

人が話すのを聞くときには，全ての可能性に耳を傾けなさい。
考えるときは幅広く自由でありなさい。
　そしてどんな患者にもカール・ロジャーズの本の第4頁第3
行を当てはめる，みたいなことをしては絶対いけません。幅
広く考えなさい。［Rosen 1982, p.193］

　ここでエリクソンは，ロジャーズをもちろん否定しているわ
けじゃ全然なくて，ロジャーズのやり方はとっても素晴らしい
ものだけれども，それをこういうふうに固定化した，1つの型
に嵌ったものにして，マニュアル化してはいけないと言うので
すね。大谷先生が，そのマニュアル化されたものに言及してく
ださいましたが，「でも・しか」応答ですね，まさにそこに当
てはまることですね。たぶんロジャーズも，このエリクソンの
一文を読んだら大喜びして，諸手を挙げて賛同するんじゃない
でしょうか。

②精細に観察する

　さて2番目の特質ですが，こういうありのままの信頼という
ことが可能だったのは，やっぱり何と言っても精細な観察。ク
ライエントのありのままということを非常に精細に観察して
いたってことですね。これがやっぱり非常に重要になります。
さっきもエリクソン語録にちょっとあった，「観察せよ観察せ
よ観察せよ」とか，「事実を踏み越えてはいけません」とかね。
ここで踏み越えてはいけない「事実」というのは，言ってみれ
ば「クライエントのありのまま」と言い換えてもいいんじゃな
いか。そのありのままの「事実」を，とにかく「観察せよ」と。
患者と，そして自分自身とを，観察するんだというんですね。

ならば皆さん。ここでポージェスの「ニューロセプション」のことを是非思い出して欲しいんです。ニューロセプションは何をトリガーにするかっていうと，ポージェスによればそれは，たとえば目の前にいる相手の腹側の支配領域の様子と，それから自分自身の内臓感覚ということでした。だとするとですよ，エリクソンがここでやっていることっていうのは，言ってみれば，**ニューロセプションの「利用」（utilaization），それこそがまさに観察なんだと言い換えてもいいんじゃないでしょうか。**

実際，何を観察するのか。まあ，ありとあらゆることをエリクソンは観察しているんだけど，特に彼が強調しているのは，まずクライエントの言葉。そして，その言葉を発する身体。その身体の些細な動き。なかでも声の調子の変化。呼吸の変化。顔の表情の変化。そして，頸動脈に見られる拍動の変化。それから筋緊張の変化。姿勢の変化。といったものです。まあ，あくまで代表的なところ，少なくともこれは絶対しなさいみたいなところですがね。

で，こうやって挙げてみると，お気づきかと思いますけれども，これらの少なくない部分が，腹側の迷走神経複合体の支配領域をはじめとして，自律神経系の働き具合を見なさいと言っているように思いませんか。そういう意味でもさっき言ったように，まさにこれはニューロセプションの「利用」と言い換えることができるんではないか。

ニューロセプションはさっき言ったように，もう無意識に私たちは自分でも知らないうちにでもやっているわけなんだけど，いわばそれを意識的に利用する，それがエリクソンのいう観察ということができる。こういうふうに見るとまた，ポリヴェーガルとエリクソンの共通点が浮き彫りになってきますよ

ね。

　ところで興味深いのは，エリクソンはですね，観察したもの
が何を意味するかっていうのは，セラピストにだって，そんな
にはっきりとはわからないんだと言うんですね。それでも，そ
れはすべてリソースになるんだと。

　そしてもう１つ重要なのは，観察って言葉に私たちはつい惑
わされやすいんだけど，エリクソンのいう観察は，こっち側に
自分がいて，向こうに相手がいて，それをこっちが一方的に，
能動的に相手を「見る」みたいな感じのそういう観察では必ず
しもないということですね。むしろその自分も，もうそのなか
に巻き込まれており，そのなかにありながら，そこに言わば
「見る」んじゃなくて「見えてくる」というような，まあ，い
ま哲学界で流行の言葉で言えば，**中動的なプロセス**に従い（中
道でなく中動ですよ！）[*6]，エリクソンの言葉を使えば，それ
自体がいわば１つのトランスとなっているのです。で，現にエ
リクソンは，患者さんに相対して，どうもよくわからないなこ
の人はって思うときには，自分がトランスに入って，トランス
の状態で観察をするんだとすら言っています。しかも人は，つ
ねに周期的に「ありふれた日常のトランス」に入っている[*7]。
だから，こっちに自分がいて，蚊帳の外から相手を見ているみ
たいな観察じゃないんですね。

　いわゆる「**参与しながらの観察**」（participant observation）
と言われるものの走りと言ってもいいかな[*8]。これはもう言
うまでもなく文化人類学から入ってきたものでね，人類学が異
文化の人たちをフィールドワークするときに，どういう風に彼
らを観察するか，自分もその只中に関わりながらどのように観
察をしていくのかっていうことですよね。だから言ってみれば，

エリクソンは1人1人の患者さんを，あたかも異文化に接するかのように「参与しながら観察する」ってことをしていたんで，これが彼のいう観察なんですね。1人1人文化がちがっていて，そして自分自身ともちがっていて，そのちがっている相手をどう見ていくかっていうことですね。そのことはね，この後も出てくると思うんですけど，「ちがうからつながる」っていう腹側迷走神経複合体の粋を極めた境位を，エリクソンがすでに地で行っていたことをよく物語っています。

③安全の場を巧みに構築する

こんなふうにして「安全な場」ということを，ポリヴェーガルが提唱する半世紀以上も前にもう，非常に巧みに構築していたのがミルトン・エリクソンだったんですね。なので私，ポリヴェーガルを一通り読了したときに，これを臨床に活かすとしたらどういうことになるかなと思ったとき，真先に脳裏に浮かんだのが，実はミルトン・エリクソンだったんですね。ポリヴェーガルと関係が深いとされる一連のソマティックな心理療法ももちろん大事なんですけど，それは私自身にとってもいっそう大事なんですけど，にもかかわらずエリクソンを一番先に私は思い出したんですね。

ソマティックな心理療法っていうのは，代表的なのはピーター・ラヴィーンのSE^{TM}（ソマティック・エクスペリエンシング®），パット・オグデンのSP（センサリーモーター・サイコセラピー），ダイアナ・フォーシャのAEDP（加速化体験力動療法）といったもので，それらがとりあえず一番ポリヴェーガルに近いセラピーとされている。私もSE^{TM}のトレーニングを受けているときに，ポリヴェーガルを読み始めたわけですけ

ど，そのトレーニングを受けている SE™ をも差し置いて，「これまずエリクソンじゃん⁉」って思ったんですね[*9]。

エリクソンがもう，ポージェスよりも半世紀以上も前にすでに自ら実際に存分に実践していた，安全の場を構築するっていうこと。それが真先に思い出されたんですね。

じゃあ，安全の場を構築する力ってどんなものかっていうと，簡単に言えば，クライエントが今いるところを肯定する力，それからクライエントが今いるところを共有する力，この2つから成るように思います。もちろんその前提には，クライエントとともにいながら自分でいられるという，（すでにみたように，これぞまさしく腹側の！）当然の力が裏打ちしています。

するとこれはまさに，ロジャーズのあの有名な3原則になぞらえて言うと，クライエントとともにいながら自分でもいられるという「**自己一致**」の力に裏づけられながら，クライエントの今いるところを肯定する「**無条件の肯定的な関心**」の力，それから今いるところを共有する「**共感的理解**」の力って言い換えることができると思うんですね。この3つの力，直接には2つの力を使ってエリクソンは，クライエントの今いるところに安全空間の土俵を構築するという最重要の作業を，粘り強く，黙々と進めたんですね。

④「リソース」の重視とその「利用」

では，その2つの力をもう少し詳しく見てみましょう。

1個目がですね，今いるところを肯定する力，まさに「無条件の肯定的関心」に当たるわけなんですが，これがエリクソンにとっての捉え方で言うと，要するにその人のすべてをリソースとして**認める**というスタンスが当てはまるかなと思い

ます。「患者が面接室に持ち込んでくるものは，常にそれが何であろうと利用するよう心がけねばなりません」[Erickson et al. 1980=2017]とエリクソンは繰り返し言っています。なので，セラピストが最初にして最後までやるべき仕事というのは，クライエントのリソースを発掘し続けることだということになります。そして，それを最大限に「利用」し続けることだということになります[津田 2023a, p.87]。

　ところで「リソース」って何なのか？　そこで私がエリクソンから学んだ，すっごく大切なことがもう１つあるんですよ。ふつう私たち，リソースっていうときは，いわゆるポジティブなもの。その人のいい面とか，よくできるところとか，力になっている強みだとかね，そういうものがリソースと言われると思うんですよね。まあ，言ってみれば「**ポジティブなリソース**」ですよね。

　だけどね，どうもエリクソンの言っていることっていうのは，そのポジティブなものだけじゃなくって，まあこれ私の言葉で整理するとですね，「ポジティブなリソース」だけじゃなくて「**ニュートラルなリソース**」，「**ネガティブなリソース**」，この３つの水準があるんじゃないかということなんですね[津田 2023a, pp.87-8]。あるいは，ポジティブなものっていうのは，ふつう「ポジティブ」と言われているようなもののなかだけに見られるのではない。そうでないようなもののなかにも，ポジティブなものはあるんではないかと言ってもいいです。

　こんなふうにポジティブ，ニュートラル，ネガティブと分けておくと，すごくリソースを引き出しやすいなって思って……。まあ，私が勝手にそう思ってやっているんで，エリクソンがこんな野暮なこと言っているわけじゃないんですけどね。ただそ

んなふうに見ると，エリクソンがやっていることがわかりやすいなと思って，私自身がそういう思いで使っているんですけど，ともあれポジティブだけがリソースではない。それがエリクソンの大きな特徴と思うんですね。

だからこそ，それこそロジャーズが「無条件の肯定的関心」と言いましたけど，**もしポジティブだけに絞ってしまったら，それは「無条件」でない，「条件つき」の肯定的関心にすぎないんじゃないか**。ロジャーズの「無条件の肯定的関心」がやっぱり「無条件」でなければならなかったのも，これと同じ意味なんではないかなって私は思うんです。

ニュートラルなもの，ネガティブなものにすら，ある種のリソースを見るというスタンスが，エリクソンにはすごくあるんではないか。そしてそうなったときに，クライエントの安全感は，本当に最大限に広がっていくんではないか。まさにクライエント1人1人の，**その人固有の安全の空間**ができあがり，その人固有の形で膨らんでいくんではないかと思うんですね。

リソースの3つの水準

このリソースの3つの水準をみておきましょう。まず「**ポジティブなリソース**」は，もう今さら言うまでもない。さっき言った通り，その人のいい面，やれている面，あるいは問題だらけのなかでも例外的に起こっているいい状態みたいなこととかね。この辺りはブリーフセラピーのなかのソリューション・フォーカスド（focused）・アプローチ（SFA）がお手のものですね。ただその SFA もですね，実はこのポジティブなものに焦点を当てるんだけど，そのためにこそ，他のニュートラルなものやネガティブなものも非常に上手に使っていると私は

思うのです。そうでないときは，ソリューション・フォースド（forced）・アプローチになってしまいかねない。

　それから，もう1つ是非付け加えておきたいのは，こうした**ポジティブな側面はすべて，そのときの身体的な感覚の水準にまで存分に深める**ことの大切さですね。SFAにも「例外探し」とか「ミラクル・クエスチョン」といった魅力的な技法がありますが，その際にも必ず身体感覚の質問で掘り下げていくと，いっそうパワフルなリソースになりますね〜。

　次に「**ニュートラルなリソース**」というのは，要するにクライエントのありふれた日常のルーティンな行動や思考，あるいはなじみのものや事柄すべてっていうことになります。その人がふだんは当たり前にね，殊更ありがたくも思っていない，当たり前に繰り返しているものとか，当たり前に使っているものとか，当たり前に身につけているものとかそういうものがすべて入ります。「そんなもんの何がリソースか!?」って言われるかもしれないけど，でもいざこういうものを失ってしまうとね，私たちは実に驚くほど壊滅的に安全感を取り崩してしまうんですね［津田 2023a, p.88］。精神分析でも，こうしたことを「対象喪失」と呼んだのでした。

　実際，いろんなトラウマが起こったとき，例えばそれこそ自然災害の場合なんかでも，本当にこれがはっきりすると思うんですけど，まさに今までの日常が完全に壊れて，毎日当たり前に使っていた安物の日用品すらもどっかに行ってしまって見つからない。そのこと自体がとても大きな衝撃になるわけじゃないですか。

　そして恐らくどんな種類のトラウマの場合でも，必ず奪われて，まず真先に回復させたいものっていうのは，実はこの当た

り前にあった日常，つまり「ニュートラルなリソース」ではないかと思うんですよね。

　だからセラピーを進めていくときに，クライエントが当たり前に持っていたこの「ニュートラルなリソース」を，いかにそこに**散りばめて（intersperse）**いくかってことは，ものすごく大事なことじゃないかと私は思うんですね。

　たとえばクライエントがよく使う言葉，あるいはよくやる行動，よく取る姿勢，あるいはパターン。いろんな動きとか喋り方とかのペース。それから生まれ持っている気質とか，強く抱いている信念とか，ものを見るときの準拠枠とか，その人が身につけているいろんな属性。こういったものすべてが「ニュートラルなリソース」っていうことになるのではないか。たぶんこのどれを失ったときにも，何がしかの（しばしば死を想わせるほどの）大きな衝撃があると思うんですよね。

　これら「ニュートラルなリソース」に合わせていく。そして，それらを「利用」していく。これがとても重要になってくるんではないか。特にセラピーの場合は，言葉とか身体の示す反応が重要になってくる。クライエントが使う言葉をそのままこちらも使って，またクライエントが示す身体反応をそのつどうまく活用して，セラピーを進めていきたいわけです。クライエントがよく使う言葉や身体の反応を，安易に専門語に回収したくない。言うなれば，できるだけ**クライエント語**で語っていきたいわけですよ。まさに図表9のエリクソン語録の，「患者の言葉で話しなさい」ですね。

　私たちはみな自分の言語を持っており，患者さんの話す言葉を聞くときは，その人が異国の言葉で話していることを理解しつつ聞きなさいとエリクソンは繰り返し言います。自分の言語

の言葉で患者さんの話を理解しようとしてはいけません，患者さんをその人の言語で理解しなさいとね [Zeig 1980=1984, pp.96, 104-5, 124, 200, 236-7, 258]。つまり**クライエント語で聞きなさい**。そして話すときも，患者さんの言葉を使って話そうと努めなくてはならない，**クライエント語で話しなさい**と。

　さっきの人類学の話じゃないですけど，クライエントという存在を１つの異文化として尊重して接する精神，これ例え話じゃなく文字通りに，とても重要なことではないかと思います。

　こうやって「ニュートラルなリソース」一切を丹念に活用するということ，これこそが**本人固有の安全の確立**ではないでしょうか。何を安全と見るかっていうのは，実は１人１人ちがいますよね。その本人固有の安全ってことは，やっぱりすごく大事で。それを見ていくためにも，このリソース，３つの水準のリソースがとても大事になるんですけど，意外に見落としやすい。でも逆に，使うととてもパワフルな力を持つのがこの「ニュートラルなリソース」でもある。エリクソンの技法的なことを言えば，例えば「イエスセット」とか「トゥルーイズム」（truism）とかがその代表ですね。

　「イエスセット」というのは，もう必ずクライエントが，はい…はい…はい…と答えるしかないような問いかけの言葉を積み重ねていくのですね。それによってまさに「ニュートラルなリソース」を動員しているってことになります。その積み重ねの上にセラピーを組み立てていく。クライエントが肯定するほかない水準のところで，セラピストもクライエントを肯定しつづけるのです。

　「トゥルーイズム」というのも，日本語にすれば「自明の理」というような感じになるでしょうか。本人にとっては当たり前，

まあ，本人というかこっちにとってもっていう場合もあるかな。要するに，「当たり前のこと」ですね。そのありふれた当たり前のことを積み重ねた上にセラピーを組み立てていく。それがいわゆる「ラポール」を形成するうえで，まさに重要な鍵になってくるのです。

さてもう1つが「ネガティブなリソース」。これはもう文字通りですね，「この人，これが問題だよね」とか周りから言われている，ネガティブな行動とか，ネガティブな状態。まさに症状とか問題行動ってことになってきます。だけど，それが一体全体なんでリソースなんだ⁉

なるほど，その表面だけを見ると確かに問題で，そのままであっては困ることばかりかもしれない。ただね，クライエントは，その問題行動や問題の状態に対して非常に力を注いでいます。だからこそ，その問題はなかなか変わらない。すごい力がそこに込められてあり，そしてそれをするために，すごいスキルも持っていたりする。だとしたら，その本当の動機は何だろうか？　その隠れた可能性は何だろうか？　この力，スキル，本来の夢，可能性……。そこまで広げて見てみると，ここには実は，すごく本人にとって掛替えのない大事なものが，ねじれた形で込められているのが見い出されてきます。するとこれ，すっごい，ゼッタイ見逃せないリソースがそこにあると見ることができないでしょうか。

それを明るみに出すには，やっぱりそうした行動や状態と，その背後にある思いとを，いったん切り離してみることですよね。そういう問題行動とか問題な状態を，「そうせずにいられなくなっちゃうのは，よくよくの思いがあったからですよね」って，そういうスタンスで見たいですね。そういうふうに

尋ねてみてもいいと思いますし，まあ，尋ねないまでも，せめてこっちの心のなかだけでもそういうスタンスでやっぱり見ておきたいんですよね［津田 2023a, p. 88］。

　というのも，この問題行動とか問題の状態っていう風になっちゃったのは，元はといえば，本人なりにまさに安全を求めての痛切な思いがある。それを是非とも叶えたいんだけど，いろんな不本意が重なって，叶えることができなかった。そこで，叶わないその思いが，ねじれて屈折してしまっている。さっき言った，安全への希求が屈折してしまったっていうことです。安全への希求が屈折して，それ自体がいわば**屈折した安全**になっている，本人にとってね。問題行動なんだけど，何かある種の安全感みたいのがそこに漂ってきちゃって，元々求めていた本来の安全が叶わなくって得られないその代わりに，なんか「**仮の安全**」であるかのようにそれが選ばれちゃっているような，そんな状態になっているわけですね。

　とするなら，逆にそれを解きほぐしていけば，この人がこの人生を生きていくうえで何を大事にしようとしているのか，何を本当はこの人生で得たい・やりたいと思っていたのかっていう，相当，根源的な欲求がその奥にはあって，それが叶わないが故にこういう問題行動になって出てきてしまっているっていうことが見えてきます。そう考えればこれは，すっごい得がたいリソースだと見ることができないでしょうか。ポージェスが「誤ったニューロセプション」と言っていたのも，そういう事態なんだと見ることができないでしょうか。

　だったらこの「仮の安全」というか，このネガティブに見えるもののなかに潜むリソースですね。これを尊重し，寄り添い，ともに見つめていくっていうことをしていくと，つまりは，こ

のネガティブな状態を「社会的な関わり」のもとに包容するようにしていくと，本来その人が求めていた安全というものへの道筋が見えやすくなってくるんではないか？　そう考えていくと，これもまたリソース，結構，見逃せないリソースっていうふうに，位置づけることができることになります［津田 2023a，p.88］。

　そして実はこのあたりを一番研ぎ澄ましたのが，いわゆるエリクソンの「症状の処方」と弟子たちが呼んだ技法になってきますね。その問題行動や問題の症状そのものを，あえて（別の枠組のなかで）もっとやらせるという技法ですね。この技法がエリクソンには典型的なんだと，ジェイ・ヘイリーが『アンコモン・セラピー』のなかで言っていました［Haley 1973=2001］。

　こんなふうに3つの水準のリソースを分けてみていって，いろんなリソースを散りばめて使っていくことがとても重要になるんじゃないかということです。これが，クライエントの今いるところを肯定する力ということの中身ですね。

⑤心身一体の交流としての共感

　すると今度はその，クライエントの今いるところを共有する力ということに話題を移しますが，エリクソンはこの点でも天才的でした。さっき挙げたエリクソン語録のいろんな言葉，「患者と仲間になりなさい」とか，「患者に呼吸を合わせなさい」，「患者の言葉で話しなさい」など，エリクソンらしい共感の仕方がよく表われています。

　娘さんのベティ・エリクソン曰く，「父の信じがたい才能の1つは，特別なつながりを作りませんか，と相手の心に本心からの招待状を送ることができたことです。［……］父の治療に

おける『マジック』は，相手への心の開き方にあったと思います。そして相手が心を開くと，さらに多くのつながりが生まれ，そのプロセスのなかから変化が起こるのです。[……] 父が提供したのは，真の人間的なつながりと愛に満ちた時間でした。[……] 父は相手が非常に深いレベルで心地よく自信と安全を感じられるように，その人を援助しました」[Erickson& Keeney 2006=2018, pp.43-4] ——まさにポージェスが言った「マジカルなこと」を，エリクソンの「安全をつくる共感」は，事も無げに幾度も起こし続けていたのですね！

　そしてこれは，あのロジャーズが強調する，クライエントへの「共感的理解」に極めて近いものではないでしょうか[*10]。とはいえエリクソンの共感的理解は，ロジャーズのとは若干ニュアンスを異にする面も含むかもしれません。

　まずその１つは，エリクソンの場合の共感的理解は，その話されている内容だけのものではないということ。むしろそれ以上に，その話され方，そしてそのときの表情や姿勢や身振りっていう，身体的あるいは無意識的な側面にまでわたる共感的理解っていうことですね。「身体は，皆さんが知っている以上に皆さんのことをよく知っています」と [Zeig 1980=1984, p.103]。

　これはちょっとロジャーズと強調点がちがっている可能性があります。もちろんロジャーズも，人間性心理学全般と同じく，ゴールドシュタインに触発されて，人間を「有機体」(organism) [Goldstein 1939] として見ていましたし，またさっきみたように，「ニューロセプション」に匹敵しうる「サブセプション」（潜在知覚）にも，すでにしっかりと目配りをしていました。

　とはいえ，ロジェリアンの伝統のなかですと，こういう形の強調点を本格的に置き始めるのは，むしろフォーカシングではない

かと言えるかもしれません。ジェンドリンが「体験」(experience)よりも「体験過程」(experiencing)を強調し[Genglin 1962]，「**フェルトセンス**」を重視して[Genglin 1981]いこうとしたのは，まさにこの辺りではないかなと。もっとも，フォーカシングはやっぱりあくまでフォーカサー／リスナーという形で，ロジャーズのようにクライエント／セラピストの関係ではない。言ってみれば，治療関係というのとはちょっとちがう一線を画した形になってきますね。だからその点でもね，少しまたちがうかもしれません。

　むしろポージェスが繰り返し強調してきた，腹側迷走神経複合体による協働調整（co-regulation）のプロセスに案外，近いんではないかと考えることもできます。身体レベルでも双方が交流してしまうっていうところでですね，フォーカシングだったらあくまでフォーカサー／リスナーに留まるかもしれませんが，いわば協働調整がここに生じてくるわけで，その意味ではポージェスが言っていることに近い面も持っているかもしれないですね。

　いずれにしても，言葉のレベルと身体のレベルとを，どちらも優劣つけることなくそっくり取り入れていこうという姿勢があると思います。ここもね，とても大事なところかなと思うんですね。セラピーの現場でも，往々にして何て言うか"認知派"と"身体派"のですね，とても空疎な対立がよく見られたりするわけですよ。一方で"認知派"はトップダウンで，言葉を重視して身体を軽視（蔑視？）しがちになる。"身体派"はボトムアップで，今度は身体を重視して言葉を軽視（蔑視？）しがちになる。そんなことが得てして起こりがちです。

　とはいえ，何も身体がダメなわけでもないし，言葉がダメな

わけでもない。そうではなくて，ただ単に言葉に響かない身体がダメなんだと思います。そして，身体に響かない言葉がダメなんだと思うんですよ。身体そのものがダメなわけでもないし，言葉そのものがダメなわけでもない。言葉に響かないような身体，身体に響かないような言葉っていうのがダメなだけではないのか。だから本当に私たちが大切にすべきなのは，いかに**身体に響く言葉**になっていくか。あるいは，いかに**言葉に響く身体**になっていくかですね。そこなんではないかと。

　大谷先生がね，レクチャーで「傾聴」ということの本当の意味をとてもわかりやすく説明してくださいましたね。私の言葉で言い換えさせて頂くなら，その傾聴の結果辿り着くところが，実はこの**身体に響く言葉**，そして**言葉に響く身体**ということではないか，そこに到達するのが「傾聴」の本意ではないか，と私自身は思うんです。そしてここが私，エリクソンからすごく学んだところなんですけど，こういう意味で身体と言葉とをね，両方重要と見ていく視点っていうのがメッチャ大事！と改めて思うんです。

⑥ "ありのまま" の再編成としての変化

　それからもう１つ，エリクソンの共感的理解がロジャーズとちょっとちがってくるかなっていう点は，先にみた指示的か非指示的かっていうことに絡んでくるかもしれません。エリクソンはやっぱり，指示的だと言われるのは，**介入**をしていく。リソースを利用して介入していく。こういうスタンスはロジャーズにはやっぱりあんまりなくて，エリクソンでは，この共感的理解ということ自体がもうすでに介入の始まりなんですね。

　まずクライエントの今いるところにいわば「**合わせる**」って

いう局面がある。リソースを使ってですね，そこに土俵を作って合わせるってことをする。まあ，いわゆるブリーフセラピーや家族療法とかでよく言う「ジョイニング」とか「ペーシング」などと言われる局面ですね。で，これ自体がすでに介入の始まりなんです。

　そうしておいて，つまりそれをリソースとして利用して，次にその一部に小さな変異を加える。つまり，別のリソースをそこに組み合わせながら，しかしそれをもっと続けさせる。言ってみれば「**ずらして**」続けさせる。「合わせる」局面と「ずらす」局面みたいな形で介入していって，そうやって元のありのままに，微妙に変化を加えるのですね。そこに生じるのは，**新たなありのまま**。それまで使いきれていなかったありのままを混ぜ合わせたような新たなありのまま。それを指示するのが，これがエリクソンの課題の指示なんですね。結果的に，それがとてもヘンテコに見えるようなものになるんですね。

　だとすると介入だ，指示だと言っても，実はこれ，変化っていうのは結局，クライエントが今いるところの延長上にあるものだってことになります。ただ，その今いるところに小さな変異を加える。小さな変異っていうのも，実はセラピストが外部注入するのでなく，クライエントが今必ずしも使いきれていない部分も今ここに迎え入れ，そこに組み合わせて，クライエントの本来いるところに戻っていくっていうイメージなんですよね。だからエリクソンは，**クライエント本人が忘れ去ったもの，切り捨ててきたものにも，共感的理解のピントを合わせている**。これがエリクソンの介入とか指示とか言われているものなんで，それらの普通の語意に反して，変化はすべてのありのままを織り合わせることで生成するものなんですね。

そうやってまあ，セラピスト側からいえば，「利用」っていうことがどんどん拡大していくプロセスとも言えるし，それをすればするほど実は，クライエントにとっては，「安全」領域がどんどん拡張されていくプロセスでもあることになります。

⑦理論は答えではない

こうしたわけで，変化を起こすのはクライエント本人であって，セラピストでも理論でもないと。セラピストがやることは，結局，そのための環境を設えるだけということになりますね。いわゆるヘンテコな課題になるのも，結局こういうことの結果なんだと。

ところでこの，理論が答えではないっていうことの強調は，エリクソンにおいてかなり強烈です。例えば，今まで見てきたように，必ずその1人1人の人格にあった治療法を作り出すことが，クライエントに対してね，エリクソンのやり方なんだと。だから，心理療法っていうのは1人1人ちがう手続きなんだということになる。そうして驚くべきことに，エリクソンは，**理論に基づけられた心理療法はどれも間違っている**とまで明言する。なぜなら人は，1人1人異なっているのですからねと。いかにロジャーズ派といえども，ロジャーズ派の治療家でも，得てして，ある人に当てはまったやり方を別の人にも当てはめることができると思い込んでいる人が結構いる。それは間違いだとまではっきり言うぐらいのかなり徹底した言い方をしています［Zeig 1980=1984］。

こうなってくるともう，エリクソンがまるで理論なんか臨床には関係ないんだ，みたいに言っているように聞こえるかもしれません。実際そういうふうに，聞きかじりのエリクソニアン

は喧伝していることもある。でも決してエリクソンは理論を否定しているわけではない。心理療法に理論は不必要だって言っているわけでもない。ここは高石昇先生がですね，これまさに大谷先生と一緒に書かれた名著で私もエリクソンを勉強するときに非常に参考になった，私にとっては一時期，バイブルみたいだった本ですけれども，そのなかで非常に的確に指摘されていますが，エリクソンのこの理論化に対する態度というのは，「無理論的」でなく「**超理論的**」とみなすべきということなんですね［高石・大谷 2012, p.69］。

　実際エリクソンは，理論を否定するどころか，すごく旺盛な関心をいろんな理論に対して示しており，そして非常に精細にそれを考究して，批判的に検討することを怠っていないです。むしろ理論に関心ありありの方ですね。だから彼が否定しているのは，理論そのものというよりはむしろ，理論に束縛されて行われる臨床実践なんです。つまり，理論がまずあって，それがクライエントに臨床「応用」されていくんではなく，まずクライエントがあるんだとね。で，そのクライエントに合わせた臨床ってことがあって，その臨床のなかで理論はいわば生産されていく，あるいは再生産されていくものなんだと。これを突き詰めていくと，いわば理論の特権的地位が捨てられることになる。理論は別に特権的地位にはない。**理論が特権的地位を捨てたそのときにこそ，実は理論は高度に実践的な価値を持ち始めるだろうと**［津田 2023a, p.92］，すごく複雑なことになっているのですね。

　これがまあ，高石先生のおっしゃる「超理論的」ということになるでしょう。森俊夫先生も同様に，「おそらく，真に科学を突き詰めようとすると，人は理論やあるいは概念すらも捨て

> ・「もしもポリヴェーガル理論が明示するとおりに臨床実践を行なうなら，腹側による社会的関与の中動的プロセスのもと，当のポリヴェーガル理論自身も，自ずから（＝中動的に）理論としての特権的地位を解消し，その限りで自ら（＝能動的に）実践に寄与しうるだろう。なぜなら，答えを知るのは理論でなく CI（の心身）なのだから」
> ［津田 2023a, p.92, 本文末尾より］
>
> ・「もともと臨床実践は，理論の単なる“答え合わせ”ではない［……］のです［……］。理論は“答え”ではありません。理論を身につけた専門家も“答え”を知るのではありません。では“答え”はどこに？　強いて言うならば，それは当事者自身の中にあるでしょう。しかしそれを当事者本人もよく知りません。知らないからこそ，専門家のもとを訪れます。ところが専門家はもっと知りません。専門家が身につける理論は，さらにもっと知りません。皆にあるのは“問い”だけです。このお互い“答え”を知らないどうしが，それぞれの“問い”を持ち寄って，安全空間のなかで自由に共同作業を進めるその只中に，“答え”が生まれてきます。奇妙にも，当事者本人がはじめから自分の中に存在したのを発見するようなそんな“答え”が，なぜかそこに創造され，そこに存在するに至ります」［津田 2022, pp.205-6, 本文末尾より］
>
> ・「理論はそれ自体が“答え”ではありません。むしろ理論はいつも，“答え”に到るための“問い”です（それを学ぶのが本当は「学－問」＝「問いを学ぶこと」なんでしょうね）。“答え”は，理論も含む臨床の場の多様な関わり手の，多様な“問い”の絡み合うなかで，中動的に生成してくるものです。「出す」ものでも「出してもらう」ものでもなく，「出てくる」ものですね。でもだからこそかえって，まずは理論は理論として，その“問い”を研ぎ澄ます必要があります。さもないと，臨床のダイナミックな場に持ち込まれたとき，たちまち傾いで，“答え”が「出てくる」プロセスに寄与することができません。いやそれどころか，そのプロセスを攪乱してしまうことすら，珍しくありません。ポリヴェーガル理論も，前著で私があれほど細密に検討しなければならなかったのは，ひとえこのためなのでした」［津田 2022, p.277,「あとがき」より］

図表 11　ならばポリヴェーガル「理論」は？

てしまうものなのだろう」と，往時を偲ばせる的確な指摘を記していました［森 1995, p.203］。

　となるとじゃあ，ポリヴェーガル「理論」はどうなんだ？ということになってきますよね。で，これはですね，図表 11 に書いてあるのは，私自身が，ならばどういうスタンスでポリヴェーガル「理論」ってのを読み込み，そして使おうとしているかっていうことを，本に書いたものをここにそのまま書き抜いてみたものです。

　一番上の文章はですね，2023 年に出た『わが国におけるポ

リヴェーガルの臨床応用』という本のなかに小さい論考を書かせてもらいましたときの，その末尾に書いたものです。あとは，私の2冊目の『ポリヴェーガル理論への誘い』という本の本文の末尾と「あとがき」に書いた文章です。私がどういうスタンスでポリヴェーガル「理論」というものを考えているかっていうのを，ここに掲げておきました。興味のある方は読んでくだされればと思います。まあ，お前のスタンスのことなんか別に興味ないよって方は，もちろん読み飛ばしてくださって結構です。

ただ，この文章を改めて私自身，他人の文章みたいに読み直してみて，これ結構エリクソンの影響が入った文章だなって，ちょっと自分でもびっくりしたものですけど。まあ，こんな感じで，私はポリヴェーガル理論というものを捉えていることになります。「エリクソニアン・ポリヴェーガル」って遊び半分に題示したのも，そんなわけなんでしょうかね。

4. エリクソニアン・アプローチからポリヴェーガル理論へ
～ストレス・トラウマからの治癒プロセス：「安全」の拡充の営み～

自律神経の3段階はすべて「リソース」！

さて，こうやってエリクソンのアプローチを一通り見てきたところで，これをもういっぺんポリヴェーガルに返してみたいんですね。

今みた3つの水準のリソースというのが，自律神経のすべての段階を「安全」の観点で見ることができることからエリクソンの話になったんでしたけど，言ってみれば，ポージェスが言う3種類の安全の状態というのがまさにその「ポジティブなリソース」，あるいは場合によったら「ニュートラルなリソース」

として存在している。そして危機状況に陥ったとき，一刻も早く安全な状態に戻りたいと思って繰り出される安全希求行動が交感や背側だったわけです。だから，短期的にそれが解決するのであれば，これはむしろ「ポジティブなリソース」として考えることができますし，それが日常的によく使われる1つの対処パターンになっていれば，「ニュートラルなリソース」でもあるかもしれません。困ったときにはこうやるとうまくいくんだよね，こうやって乗り越えてきたんだよね，みたいなね，そういう「ニュートラルなリソース」っていうふうに考えることができる。

　SFAなんかで，難しい状況にあったクライエントに，それを「どうやって乗り越えてきたんでしょうか？」「どうやって凌いできたんでしょうか？」っていう質問をしますけれども，まさにそのときの交感や背側ね，これをどうやって使ってポジティブに生き抜いてきたかを問うていることになります。

　でもそうではなくて，ストレスやトラウマになっちゃっている場合は，この交感や背側を長期にわたって使わなくちゃいけなくなっている。これは病的な状態として表われるわけだけれど，そのときはさっき言った「ネガティブなリソース」に当たることになる。あるいは，ひょっとしたら「ニュートラルなリソース」になっている場合もあるかもしれません。そんなふうに自律神経のあり方とリソースのあり方を，互換的に読み替えてみることができるかと思います。以上を図表12にまとめてみました。

ストレス／トラウマへの「安全」という戦略
　ではポージェスが，「ポジティブなリソース」を中心にして，

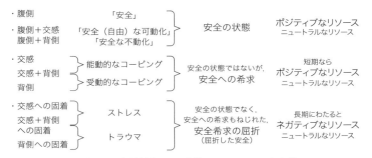

図表12　自律神経の3段階とリソースの3水準

　どういうふうに臨床の戦略を考えていたかってことを，最後に見ておきたいんですね。もちろんポージェスは臨床家ではないから，そんなことを明言はしません。でもポリヴェーガルを深く読み込んでいくと，何か暗にポージェスが向かおうとしている先がほの見えてくるんですよね。

　まず圧倒的に大事なのは，先ほども言ったように，安全－社会的関わり－腹側のトライアングルが核心だということ。そこから遠ざかるほど苦悩が深まるし，近づくほど健康が高まる。それに加えて，ストレスで交感神経から戻ってこれなくなっているのがどうやって戻ってくるかという鍵になるのもこの腹側の安全感。トラウマで背側から戻ってこれなくなっているのが戻ってこれる状態にする鍵になるのもこの腹側の安全感。そんなふうに見ているフシがあるわけですね，ポージェスが。

　そうなってくると，多くの苦しんでいるクライエントさんは，たいていの場合，背側か交感か，あるいはそのブレンドか，という状態にあるわけですね。そうやって来られたクライエントさんの今ある状態に，腹側をブレンドしていくってことをポージェスは考えている感じがするんです。いわば**"「安全」で包**

んでいく"とでも言いましょうか。だからこそ，そもそも彼は「ブレンド」という議論を入れているような気がするのです。

　すると背側で来られた人が背側と腹側のブレンドになる。交感で来られた人が交感と腹側のブレンドになる。そうやって，そこに小さな安全が構築されて，その安全が少しずつ膨らんでいくっていう，そういう戦略が暗に考えられている感じがするんですね。

　このあたり，その濃密な時間を，大谷先生があの愛犬シャドーとの出会いの日々のシーンにおいて，鮮烈に感動的に伝えてくださいましたね。

　もちろん，そうなるためには，セラピスト側がやっぱりまず腹側でいて，腹側でクライエントの状態とともにいるのでなければなりません。これは先ほど，エリクソン流の共感的理解との共通点で見たところに，まさにぴったり当てはまるかと思うんですけど，セラピストはそういうあり方でいる必要があることになります。そうやって腹側でいることによって，クライエントの今いるところに土俵を作るんです。つまり，クライエントが背側ないし交感でいるとすれば，セラピストは背側と腹側のブレンドないし交感と腹側のブレンドでいると。

　こうして両者の間に**小さな安全の風穴**が穿たれて，風穴がいつでもそうであるように，いったん穿たれるとみるみる広がっていくのです。嘘だと思うなら，私も子どもの頃よくイタズラしたんですが，ピンと張られた障子紙に，細針でたった1か所，小さな穴を開けてみさえすればいい。張力のバランスの変化がひとりでにその穴を押し広げていくように，セラピー空間においても，セラピスト側が腹側でいることで，クライエントの腹側も少しずつ同調的に引き出され，この協働調整において，セ

ラピストだけでなくクライエントにも少しずつ腹側が芽生えていくことになるのですね。

　そうなると，クライエントは最初は背側単独あるいは交感単独だったのが，次第に腹側とブレンドした背側，腹側とブレンドした交感っていうそのブレンドの形になっていくということになります。背側で恐怖による不動化だったものが，腹側と背側のブレンドでむしろポージェスが「愛」と呼んだ「恐怖なき不動化」，「安全な不動化」へと，同じ不動化でも性格が変わっていくのですね。交感で恐怖によって可動化していたものが，腹側とブレンドした交感になると，ポージェスが「あそび」と呼んだ「自由な可動化」へと，同じ可動化でも性格が変わっていくのですね。こうやって，クライエントの今あるところをキープしながら，ちょっとずつ変化が生じていくことになりますね。同じ背側でも背側を尊重しながら，そこに腹側を織り込んでいく。同じ交感でも，交感を尊重しながらそこに腹側を織り込んでいく。そんな仕方で小さな変化を入れていこう，小さな安全感を入れていこうっていうことになります。

　そして同時に，そうやっていくと今度は，腹側の側もですね，さっき３段階３種類の腹側のあり方を説明しましたよね。腹側と背側のブレンド，腹側と交感のブレンド，そして腹側単独の自在な発展（単独でやっていけるが，折にふれて背側や交感も自在に使える）。そういう３段階を辿って腹側自身も姿を変えていくことが可能になってきます。このうち腹側と背側のブレンドは，特段何かをするのでなくても共にいる[*11]（＝"寄り添う"）ことで得られる**不動化による安全**，腹側と交感のブレンドは，非安全を安全に改変する試みに共に取り組む（＝"ワークする"）**可動化による安全**，そして腹側単独の自在な発展

は，そのうえで新たな安全空間を他者と共に創出していく（＝"社会復帰する"）**社会的関わりによる安全**です。いいかえれば，腹側と背側のブレンドは背側に根ざす**受動的な安全＝安心**であり，腹側と交感のブレンドの交感に根ざす**能動的な安全＝信頼**を経て，ついには腹側の自在な発展による臨機応変の，**自発的・受容的な安全＝自己実現**へと，安全感が質量ともに高まっていくものと考えられます。

　それは同時に，危険かもしれない異質な他者を排除する（**同じだからつながる**）社会的関わりから，異質な他者に接近する（**ちがうけどつながる**）社会的関わりを経て，異質な他者と共存する（**ちがうからつながる**）社会的関わりに至る３種類の社会性で，社会的関わりが質量ともに高まっていくものとも考えられます［津田 2023b, pp. 51-2]。

　第１段階の安全は，異質な外部のリスクをできるだけ入れずに，内部で閉じようとします。リスクはまずここでは，入ってきては困る**ノイズ**として排斥されていく，そうして受動的に成立する安全がまず最初にできあがります。

　でもそれが整ってくると，第２段階の安全として，だんだん安全でない異質な外部に対する関心が出てくるんですね。リスクというものが，あえて自分から冒していく**スリル**のようなものになっていって，この安全空間の外はどうなっているんだろうか，と能動的に探索したり挑戦したりするようになっていきます。ただしそれも，あくまで第１段階の「安全基地」［Ainsworth 1982 ; Bowlby 1988］が確立しているからこそのことです。もし恐い目に遭ったら，一目散に逃げ帰れる安全空間があればこそのことです。

　しかしそれも一通りやっていくとですね，今度は自分自身の

I	**安定化**	背側を腹側で包摂	現在の安全の発見と増幅 (ラポールの形成と規則正しい生活) リスク (→ノイズ) の排斥	【ラポール: 土俵づくりと共有】
	⇓↑			
II	**記憶処理**	交感を腹側で包摂	過去への安全の拡張・発掘 (トラウマとの再交渉) リスク (→スリル) への挑戦・享受	【ワーク:探索・挑戦】
	⇓↑			
III	**統合と復帰**	腹側の自在な発展	未来への安全の拡張・発掘 (社会生活への再適応と 新たな日常の構築) リスク (→チャンス) の活用	【グロース:創造性】 (PTG=トラウマ後成長 も含む)

ただしこの順番は，一通りに決まるものではなく，各段階が逆転したり跳躍したり往復したりなど，さまざまのパターンがありうる。これもまた，どんな順序が当人にとって最も安全でありうるかで決まることなのだ。

図表 13　トラウマ・セラピーの 3 段階論

トラウマ治療は，19 世紀末以来，3 段階のプロセスで考えられてきた［Cloitre et al. 2011；津田 2021, p.619；津田 2022, p.204］(P. Janet ～ D. Brown & E. Fromm ～ J. Herman ～ O. van der Hart ～ B. van der Kolk ～ P. Ogden etc.)。ポリヴェーガルのセラピー論も，「安全」の拡充プロセスの 3 段階として，ここに位置づけうる。

手で自ら異質な外部に安全空間を作っていきたい気持ちになってきます。あえてリスクを冒しながらですね，今度はリスクをむしろ 1 つの**チャンス**として，自分の手で新たな安全空間を創造し獲得していこうとするのです。これが第 3 段階の安全です。新たな日常生活を構築し，新たな社会的関係を創り上げようとします。

トラウマ・セラピーの 3 段階論の伝統

ここで思い返されるのは，図表 13 にあるように，トラウマ・セラピーが今まで伝統的に 3 段階の局面で (phase-based) 見られてきたことですね［Cloitre et al. 2011］。早くは 19 世紀末のピエール・ジャネに始まり，今日に至るまで多くの著名なトラウマ・セラピストが，トラウマ・セラピーは 3 段階で行われる

んだと主張してきました［津田 2021, p.619；津田 2022, pp.203-4］。

　その代表的な1人，ジュディス・ハーマンの言葉を使うと，第1段階が「安定化」，第2段階が「記憶処理」，第3段階が「統合と復帰」と呼ばれます［Herman 1992=1996, pp.241-3］。すると，今見てきたまず腹側と背側のブレンドが，この「安定化」というのにまさに近いのに気づきます。次に腹側と交感のブレンドが，いわゆるトラウマのワークをしていく状態ですが，「記憶処理」と彼女は呼ぶわけですけど，狭義の記憶（エピソード記憶）にとどまらず，身体レベルの記憶（情動記憶，手続き記憶）の処理まで含む「トラウマとの再交渉」［Levine 1997］の局面ですね。そのうえで次に来る「統合と復帰」というのは，この腹側が自在に発展していって，社会生活に再適応したり，新たな日常を構築していくことに当たります。こう見てくると，今見てきた3つの安全の段階っていうのが，トラウマ・セラピーで伝統的に言われてきた3つの段階ときれいに符合するのがわかると思います。

　「安定化」では，まず**現在**に，現在のさしあたりセラピスト・クライエントの空間に，ささやかながら安全空間の風穴が穿たれます。そこから始まって，「トラウマへの再交渉」で今度は**過去**に安全を広げ，あるいは過去に改めて安全を発掘し直すことをしていく。そして「統合と復帰」では，今度は**未来**に向けて安全を拡張し，新たな安全空間を自ら構築していく。これをまさに腹側の3通りのあり方と見ることもできるでしょう。

　もちろんこの図式は，あくまで1つの目安なんで，順番が逆転したりとか，すっ飛ばしたりとか，往復したりとか，いろんなことが起こりうるんですが，こういう3つの段階をもってトラウマ・セラピーは進んでいくことになるかと思います。

第2章　心身の安全感とリソース　123

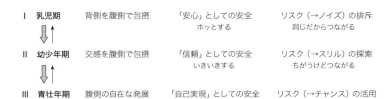

※これをもう少し細かくすると，もう1人のエリクソン，
　エリク・エリクソンの8つの発達段階となる。

　　図表14　生まれ直しとしての治癒〜トラウマをめぐる死と再生〜
この「安全」拡充の3段階のプロセスは，私たち1人1人が生まれ育って
くるプロセスと相似する。つまりトラウマの治癒とは，一種の生まれ直しの
プロセスに他ならない。

生まれ直しとしての治癒

　ところでこのトラウマ・セラピーの3段階，「安全」のあり方の変容をみると，日本の芸道・武道の修行でいう**"守・破・離"のプロセス**とも通じるところが大だなあって思うんですが，もっと遡ると，そもそも私たちが生まれ育ってきたプロセスとも，すごく似たところがあるのではないか。とするならトラウマが治癒していくっていうのは，一種の生まれ直しのプロセスと見ることもできるかなって思うんです。とするなら，「トラウマ」というある種の"死の体験"と，そこからの"再生の体験"としての治癒とみることができますね。

　図表14を見てください。私たちが生まれ落ちたとき，乳児期の段階ですね。最初はもう，自力で何もできないですから，絶対的な安全・安心が必要で，そこにはできるだけノイズを入れない完璧な安全空間を作ってあげる必要があります。**受動的な安全**ですね。

　でも，その安全空間ができてくると，やがて赤ちゃんはその外をすごく知りたくなって，やたらに自力で探索をし始めるわ

けです。**能動的な安全**へと移行していく。でもそれは，第1段階の安全があるからこそできるんで，そのときにボウルビィやエインズワースが言った「安全基地」[Ainsworth 1982；Bowlby 1988] という形で安全が大事になって，それがあるからこそ外へ出ていけるのですね。そうやってあえてリスクをちょっと冒してみる。でも同時に，そうするからこそかえって安全感は強められ深められていく。これが幼少年期の本態ですね。

　そうしていくと，やがて青年期以降（現代では壮年期にも引き延ばされて），今度は既得の安全すらをもあえて振り切って，自分の手で自分の安全空間を獲得したいって思うようになります。これをたぶん「自立」と呼ぶんでしょうけど，ここで安全感は**自発的・受容的な安全**になる。そういう状態に進んでいくって考えていくと，今言ったトラウマ・セラピーの3段階っていうのは，私たちが生まれ育っていく過程と非常によく似ているのがわかりますよね。

　逆に私たちの生育・成長過程の方を，オットー・ランクではないですが，出生という一大トラウマ [Rank 1924=2013] から始まる，こうした「安全」の拡充過程としてみることもできます。するともう1人の著名なエリクソン，エリク・エリクソンですね，ミルトンとは縁もゆかりもないと思いますが（ていうかエリク・エリクソンとはそもそも本名じゃないんですよね[*12]），そのエリクの方の，あの有名な「発達の8段階論」をみるのにも，すごくわかりやすくなるって，私ときどき感謝されることもありますね。

マインドフルネス段階的トラウマセラピー（MB−POTT）

　そして実はですね，大谷先生の依拠しておられる「マイン

I	症状安定化	治療関係の確立，見立て，MB-POTT の説明，マインドフルネスの指導，向精神薬の必要性の評価，偶発的除反応とその防止
II	トラウマ統合	トラウマ体験のナラティブ化，脱中心化と情動調整，ボディスキャン
III	日常生活の安定	再発の防止（生理的脱高感作），自責の阻止（セルフ・コンパッションの養成）
IV	ポスト・トラウマ成長（PTG）	トラウマ体験がもたらす人格の成長（自己実現）

ただしこれは，「非線形治療プロセス」[大谷 2017, pp.55, 60-1, 130]：「段階的治療は決して一直線には進まず，多くの場合一進一退を繰り返す非線形パターンで進展します」[同，p.60]。たとえば，第 II 段階以降に進んでも，「いったん感作が生じると再び［第 I 段階の］症状安定のレベルに治療段階を戻さなければなりません」[同，p.60]。こうして「クライアントは一進一退を繰り返しつつトラウマを乗り越えてゆきます（非線形パターン）」[同，p.130]。

　図表 15　マインドフルネス段階的トラウマセラピー（MB-POTT）
マインドフルネスのトラウマセラピー論は，4 段階を提起する。PTSD の段階的治療に催眠を導入した Brown & Fromm のモデルの発展型 [大谷 2017, p.55]。

ドフルネス段階的トラウマセラピー」ですね。略して MB-POTT といいますが，これも私が言ってきたことと非常に似ているんですが，ただ図表 15 にまとめてみたように，3 段階でなく 4 段階になっています。

　1 段階・2 段階目は私のと似たような言葉になっていて，ただ 3 段階・4 段階目まであります。私のと 1 段階分ちがうのは，これは私の 3 段階だと，たぶんここでいう 2 段階目「トラウマの統合」の延長に 3 段階目「日常生活の安定」も入ってくるイメージがあります。「日常生活の安定」という言葉自体は，私は 3 段階目に当てましたけれども，MB-POTT で言われている内容は，再発の予防としての生理的脱高感作とか，セルフコンパッションの養成ですので，これらはむしろ 2 段階目の「トラウマの統合」に入るイメージが私にはありました。それらの点を別にすれば，とても似たことを，より丁寧に 4 段階に分けて MB-POTT の場合は指摘されていると思います。

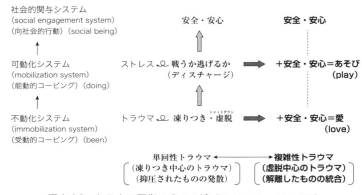

図表16　トラウマ回復の2つの途［津田2022, pp.199-203］

そして私が図表13の下の方で断ったように，大谷先生もこれは非線形プロセスであるということを断っておられて，一直線には進まなくて多くの場合一進一退を繰り返すとか，非常に似たことがここでも言われているかなと思いますね。

トラウマ回復の2つの途

こうしてみると，トラウマから回復していく途っていうのが，2通り考えられるのかなっていうふうに思うんですね［津田2022, pp.199-201］。図表16を見てください。

わりによくいろんなワークで前提されているのは，この図の中央の明朝体で書いてある方ですね，トラウマの不動化のところで戻って来れない状態から，上に向けて一直線に上がっていこうとするプロセスのような感じがします。「凍りつき」や「シャットダウン」っていうところから，その背後にある「戦うか逃げるか」のエネルギーを取り出して，それをディスチャージして真っ直ぐ上行していこうというわけですね。

しかしポージェスが見ているのは，むしろ図の右側の太ゴシック体で書いてある方でですね，今見てきたように，「凍りつき」や「シャットダウン」に固着しているところを，まずいわば**「安全」で包んでしまおう**，包み込んでしまおうと。要するに，背側を腹側でブレンドしてあげようと。そうやって寄り添っていく。つまり不動化は不動化のままだけれども，そこにとにかく一緒にいることで腹側をつくっていくことになります。

そうして，ここにいながら十分安全感が出てくると，少しずつ上に上がっていく力が出てきて，交感神経も出てくるような状態になってくる。でもそれが出てきてもですね，これを「戦うか逃げるか」の形にするよりは，それもまた「安全」で包んでいきましょうというような形で，「安全」で絶えず包みながら少しずつその領域を広げていって，最終的にはもう1つ上の腹側の単独でもいけるような状態に持っていこうという。これがポージェスの暗にめざしているであろう戦略ではないかと思うんです。

でもポージェスは，繰り返し言いますように臨床家でなくて，あくまで研究者ですので，臨床的な細かいことは一切言及していません。ただその行間を読むというか，端々でポージェスが言おうとしていることを結集してみるとですね，どうもこういうストーリーになってくるんではないかなと思われるんですね。

まあもちろん，あくまで私が一通りポージェスの著作を読み通した感じで受けている印象ですから，またそもそもは私自身が30年近く臨床をやってきてですね，このストーリーが，クライエントとともに四苦八苦しながら私が積み上げてきた感覚にすごく親和的なものですから，そういうバイアスで勝手に読み込んだ我田引水の妄説に過ぎないかもしれません。それでも

少なくとも1つ，こういうストーリーもあってもいいんではないかなと思うんですね。そしてその場合，エリクソンやロジャーズが言っていたことと非常に近いものが，ここには込められているんではないかなとも思われるのです。

おわりに

　というところでですね，非常に長くなってしまって申し訳なかったですが，ここまでで私の話を終わらせて頂きたいと思います。大変長い間お付き合いくださいまして，本当にありがとうございました。

　今日ここでお話しさせて頂いたことは，もちろん，ミルトン・エリクソン，カール・ロジャーズ，スティーブン・ポージェスの3人がどう交響し合うかということを通して，治療関係のセラピーへの有効性を改めて再考してみようというものでした。が，そのうえでさらにこのことが，**心理療法全般**にも深く関わる意義を持つこと，もっといえば，今回は主題じゃないですけれど，「ボディワーク」やヨガなど**身体療法全般**にも同様であることを［津田 2023a］，汲み取って頂ければ大変うれしく思います。

　さあ，このあとは，いよいよ大谷先生との対談です。大谷先生は，皆さんご存じのとおり，ロジャーズ，エリクソン，マインドフルネスの泰斗であられ，しかもポリヴェーガル理論についても確かな理解をお持ちの，まさに今回の企画にうってつけの大先生であります。皆さんとご一緒に，たくさんのことを，楽しく学ばせて頂ければと思います。

＜註＞

＊1　ロジャーズは,「サブセプション」(潜在知覚) に関して, あたか
も「ニューロセプション」を語るポージェスのような口ぶりで, こんなふう
に語っています。「有機体は刺激とその有機体にとっての意味を弁別するが,
これは意識化に関与する高次の神経中枢を用いるものではない。わが理論で
は, この能力によってこそ, 個人はある経験を脅威と弁別しうるけれども,
その脅威を意識して象徴化することはない。」[Rogers 1959, p.200]。

また晩年の自伝的著作にも曰く,「私たちは私たちの知性よりも賢い。有
機体は1つの全体として知恵と目的性とを持っており, 意識的な思考を優に
超えていく。」[Rogers 1980=1984, p.106, 訳文変更]。

＊2　フェレンツィは「トラウマ」を定義して,「衝撃的揺さぶり, すな
わち耐えがたい外的ないし内的刺激に対する, **外界変容的** (alloplastic) に
刺激を変える方法ではなく, **自己変容的** (autoplastic) に自己を変える方法
での反応」と, その臨床日記の1932年7月30日に記しています [Ferenczi
1985=2000, pp.263-4]。つまり, ポージェスのいう能動的／受動的なコーピ
ングは, フェレンツィではさらに外界変容的／自己変容的な反応となるので
す。なかでも受動的なコーピングが自己変容的な反応になるとは, 受動的な
コーピングに病的に固着してしまうことで, 持続可能性を手に入れる代わり
に, 自己を変容させてしまう, つまり従来の自己を解体して新たな断片的な
(＝解離した!) 自己を形成するものとなることを意味します。

たとえば性虐待を受けた子どもは,「**外界変容的**な反応様式をまだ使う
ことができず, **自己変容的**に, いわばある種の擬態によって反応する水準」
に, その人格の一部, それもその核が固定されてしまうのです [Ferenczi
1933=2013, p.146 強調ママ]。それはポリヴェーガル的にいえば, まさしく背
側の水準に, ということになるでしょう。

＊3　"自分もOK, 相手もOK!"とは, 知ってのとおり「アサーティ
ブ・トレーニング」で"assertive"なコミュニケーションを特徴づける標語で,
まさに腹側の活性化("social engagement")に相当すると思われます。これ
に対し"自分はOK, 相手はnot OK"だと, "aggressive"なコミュニケー
ションで, 交感が活性化し("fight or flight"), "自分はnot OK, 相手はOK"

だと，"passive"なコミュニケーションで，背側が活性化し（"shutdown"），"自分は not OK，相手も not OK"だと，"operative"なコミュニケーションで，交感・背側のブレンドが活性化する（"freeze"），とみることもできます。

なお同様に，脳科学者ダニエル・シーゲルは，ポリヴェーガル理論にも親和的なその「対人神経生物学」（interpersonal neurobiology）において，愛着理論の有名な「4つの愛着型」[Ainsworth 1982]を自律神経の4つのあり方に対応させています：「安定型」は交感神経・副交感神経の「統合」と「調和」に，「回避型」は過度の副交感神経による「硬直」に，「抵抗型（アンビヴァレント型）」は過度の交感神経による「カオス」に，そして「無秩序型」は「硬直」と「カオス」の両方，つまり過度の副交感神経と過度の副交感神経の共活性化に，と［Siegel 1999, p.76］。

＊4 「自己実現」（self-actualization）の概念は，マズローの著作により広く普及し，経営学や自己啓発を通して，"自己の潜在能力の発揮"として自己中心的・能力主義的に理解されがちですが，もともとマズローの転用元の［Maslow 1943, p.382］，この語の創始者クルト・ゴールドシュタインの「有機体」（organism）論［Goldstein 1939, p.197］にあっては，**自己実現は他者の自己実現とともに併立するような自他調和的な概念**でした［Goldstein 1947=1957, pp.219-20］。

それをマズローが，1943年に，「より制限された」自己中心的・能力主義的な理解で使い始め［Maslow 1943, p.382］，これが後に1954年の『人間性の心理学』第5章に転載された［Maslow 1954=1971, p.101］のを経営学者マグレガーらが専一的に拡散したものが，世を支配してきたのでした。マズロー自身は1948年以降すでに自他調和的な理解に達しており［Maslow 1948, 1950, 1953］，これも同書の第8，12，13章に転載され，彼は最晩年までその立場を固守するのですが，5章だけでなくこれら12章等も併せ読むようマズロー自身の要請が明記されていたにも関わらず［Maslow 1954=1971, p.101］，こちらは世にあまり省みられぬまま黙殺されてきてしまったのです。

＊5 スティーブ・ギリガンは，エリクソニアンの「協同関係アプローチ」（cooperation approach）［Gilligan 1987, pp.9-13］を，今世紀初頭に風靡したルイス，アミニ，ラノンのいう「大脳辺縁系の共鳴」（limbic resonance）［Lewis, Amini&Lannon 2000, pp.63-5］で説明します［Erickson & Keeney 2006=2021, p.333］。ただし実際には，それはさらに脳幹のレベルから支えら

れるのであって，それこそがポリヴェーガル理論の指摘する腹側迷走神経複合体ではないでしょうか。

＊6　中動的なプロセスについて，詳細は拙著［津田 2022, pp.224-5］も参照してください。なお，能動的でも受動的でもなく中動的なのは，自律的でも他律的でもなく「異律的」［近藤 2024］ともいえます。

＊7　エリクソンの最後の高弟ともいわれるアーネスト・ロッシは，「ありふれた日常のトランス」（common everyday trance）が約 90 分周期の「超日リズム」における休息期（副交感神経と右脳の支配期）の治癒反応（ultraradian healing response）として現われることを提起しました［Rossi 1982：Rossi 1993=1999, pp.70-1, 102, 153-4, 262］。だとすればそれは，ポリヴェーガル理論の「ホメオスタティック・ダンス」における，腹側迷走神経複合体と背側迷走神経複合体のブレンドの局面に相当するといえるかもしれません。

＊8　精神療法・心理療法の世界に「参与しながらの観察」（participant observation）を導入した走りは，正確には，エリクソンよりさらに 10 年先立つ世代のハリー・スタック・サリヴァンでした。サリヴァンは，「文化とパーソナリティ」研究（のちの心理人類学）に先鞭をつけたエドワード・サピアやルース・ベネディクトらの文化人類学者との親交関係，また異文化の交錯する移民の研究から「境界人」（marginal man）の概念を創出したロバート・パーク［Park 1928］らシカゴ社会学派との学際的協力関係のもと，このスタンスを育んだとみられます。

サリヴァンもエリクソンと同様，対人関係によって「安全」に配慮する治療を切り開き［Sullivan 1954=1986, pp.55, 142］，この 2 人は抗精神病薬の全く存在しなかった 1930 年代という時期に，相共に統合失調症者の高度な社会的緩解率をもたらした，稀有な精神科医であったことは特筆すべきです。

しかも注目すべきことに，これは大谷先生から直にご教示頂いたことですが，エリクソンは 1940 年代に，サリヴァンの直弟子でサリヴァン派の対人関係精神分析学派の大御所だったルイス・ヒルと共著論文を発表しています［Erickson & Hill 1944］。そもそもエリクソンのアプローチが関係性を重視するのは，サリヴァンの影響が多々あったのではないかと大谷先生に教えられました。

ただしサリヴァンの重視したのは，むしろ「観察」より「参与」であって，

「観察しながらの参与」といった方が彼のスタンスに即しているかもしれません［北村 2021, p.225］。

　なおサリヴァンは，フェレンツィ・シャーンドルの（フロイトと対立した）共感的な精神分析にも強く関心を持ち，「自分の信用しているヨーロッパ唯一の分析家」とまで称えて，1 歳年下の共同研究者で裕福な育ちでもあった女性精神分析医のクララ・トンプソンをしつこく説得して，1928 年からブダペストのフェレンツィのもとに学びに行かせています［Perry 1982＝1985, pp.295-6, 316］。ちょうどこの年，フェレンツィは共感の治療的意義を提唱し始めたところでした［北村 2021, p.165］。トンプソンは 1928 年夏に，フェレンツィから 2 か月間分析を受けると，1930 年の夏まで毎夏これを繰り返し，冬には帰国してサリヴァンにその成果を伝えるのでした。そして 1931 年からは，1933 年のフェレンツィの死に至るまで，滞在はさらに長期化しました［Perry 1982＝1988, p.10］。彼女は，フェレンツィの『臨床日記』に症例 Dm として登場しますが［Ferenczi 1985＝2000］，フェレンツィはトンプソンから伝え聞くサリヴァンの視座に，あまりに共通点が多く，驚きを隠さなかったとのことです［op.cit.］。すると＊10 にみるように，オットー・ランク（を通じてフェレンツィも？）の影響が取沙汰されるロジャーズとの近縁性も気になります。

　＊9　ちなみにピーター・ラヴィーンは，ポリヴェーガル理論もまだ発表されていない 1992 年の時点で，当時の PTSD の既成の治療法において，**SE™ と最も類似するのはエリクソニアン・アプローチであること**，ただし自分の方が身体性の役割をより重視する点ではちがうこと，を明言していました［Levine 1992, p.89］。

　たしかにエリクソンの主眼は，むしろ**言語と身体**をよりよく結び合わせる点にありました［Gilligan 1997＝1999, p.200］。ブリーフセラピーはそれを，**言語**レベルに特化して，いっそう推し進めました。逆にポリヴェーガル理論は，そこに**身体性**を取り戻す手がかりとしても位置づけることができるのではないでしょうか。

　＊10　ただ今日，患者を「**クライエント**」と呼び，クライエントを「**中心**」に据え，「**共感的理解**」を軸とする治療を「**カウンセリング**」と呼び変えるロジャーズの心理療法は，実はオットー・ランクがすでに 1930 年代前半に行っていたもので，それをロジャーズが取り入れたのに発することが跡

づけられています［Kramer 1995］。ロジャーズは 1936 年 6 月に，たった 1 度ランクのセミナーを受講して以来大きな影響を受けたことを自ら公言していますが，1939 年ランクが死去すると，その直後から臆することなく「クライエント中心療法」を積極的に打ち出していったのでした。

　特に「**共感**」に関しては，ランクを通してさらに，同じ "フロイトの恐るべき子どもたち" である盟友フェレンツィ・シャーンドルの影響も取沙汰されています。しかしフェレンツィはランクとすでに 1927 年には公的にも袂をわかっており，その翌年にかけての講演で，「感情移入」「思いやり」「共感」の治療的意義を唱え出すのでした［Ferenczi 1928=2007, pp.59-69］。その主張はロジャーズやエリクソンにも通じるところがあり，興味深いです。

　が，彼は日に日に母性的な融合（同じだからつながる！）の色彩を強め，万能な奉仕的救済や相互分析による一体化など，あえて "患者**の**受容" を超えて "患者**への**受動" にまで踏み込む，いわば「腹側をめざしながら背側に沈む」［津田 2023a, p.91］実践を突き進めていくのでした［Ferenczi 1985=2000, pp.3, 61-3, 85-92, 136-40］。ここまで尖鋭化せざるを得なかったのは，1 つには幼少期の自身の親との愛情喪失体験，もう 1 つには少なくとも当時の精神分析の父権的な権威主義体制の枠内での模索，そしてハンガリーのアジア系文化的風土という制約が与ったでしょうか。果してこの「半生を費やした過剰奉仕」［Ferenczi 1985=2000, p.xvi］の決死の実験は，——実際彼はわずか 5 年後の 1933 年に早すぎる死を迎えるのですが——そもそもロジャーズの「共感的理解」とどういう水準で趣旨を同じくするものなのか，詳細な検討の余地があるように思います。

　＊11　それがいわゆる「ラポール」です。メスメリズムに発するこのフランス語は，今なおすべての心理療法，すべての身体療法の不可欠の基盤を指し示す合言葉ですが［津田 2023a, p.86］，そこから直接に発展した**催眠**は，まさに何もしない安全な不動状態（カタレプシー）をあえて人為的に作り出す，腹側と背側のブレンドの極北といえましょう。

　＊12　エリク・エリクソン（Erik Erikson）の本名は，エリク・ホーンブルガー（Erik Homburger）。しかし父親は定かではない。この父親欠失の問題は，どんなに教育分析しても解決できず，彼は自分が自分の親になることで，これを克服しようとしました。その証として 1938 年秋，アメリカに帰化申請の際，「エリクソン」（Erikson）という新しい苗字を自作して，苗字

の「ホーンブルガー」をミドルネームに移し,「エリク・ホーンブルガー・エリクソン」の名で市民権を申請しました（翌1939年9月に正式に受理され改名）[Friedman 1999, p.135]。Eriksonとは，エリク（Erik）の息子（son），つまり今のエリクがエリクの父親になるという意味です [Ibid., p.139]。自分が自分の理想の（腹側に満ちた！）父親エリクになり，デラシネ（根なし草）少年エリクソンとともに「ブレンド」的に生きていく，その"生まれ直しの宣言"がこの名前なのです [津田 2017]。

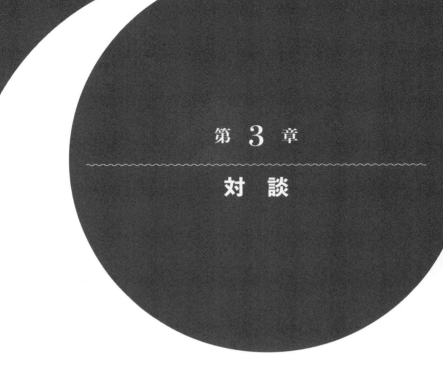

第 3 章

対 談

大谷 彰 × 津田真人

司会（大城）：皆さん，おはようございます。定刻になりましたので，始めていきたいと思います。休日の朝ですが，それにもかかわらず沢山の方々がご参加くださり，ありがとうございます。

本セミナーは，大谷・津田セミナー沖縄事務局主催，沖縄トラウマケア勉強会共催による，「治療関係がセラピーを有効にする〜エリクソン，ロジャーズ，ポリヴェーガル理論の交響〜」をテーマとする対談セミナーです。

講師は大谷彰先生と津田真人先生です。お二人の先生，本日は，よろしくお願いします。お二人からロジャーズとかエリクソン，ポリヴェーガル理論についてのお話を学べるのを，私も楽しみにしております。では，初めに，津田先生の方から，大谷先生の講義を聞いてのご感想やご質問をよろしくお願いします。

交響のなかの共通点と相違点

津田：はい。まず今日は皆さん，お休みのなかをお集まり頂きまして，ありがとうございます。200名を超えるお申し込みがあったとのこと。大谷先生にご登壇頂くということで，沢山の申し込みがあったかと思います。ありがとうございました。

そして大谷先生，この度は私たち，そして皆さんのために，ビデオから加えたら計6時間にわたってですね，貴重なお時間を割いてくださいまして，誠にありがとうございました。

大谷：こちらこそ本当に貴重な機会で，本当に喜んでおります。

津田：何を隠そうですね，私にとって，実は大谷彰先生といえば，もう長年の憧れの大先生でしてですね。

大谷：あら。

津田：と言っても，まあ，勝手に私淑してきたわけですけれど。先生のたくさんのご著書や論文等々，その他，私が大きな啓示を受けたものは多分，数えたらもうキリがないかなという風に思う次第です。

大谷：ありがとうございます。

津田：で，そんなわけでですね。今回，こうやって初めてじかにお話しさせて頂ける機会を頂戴しまして，本当に嬉しく思っております。ですので，今日は思いっきり，大谷先生の胸をお借りしてですね，たくさんのことを皆さんと一緒に，学ぶことができればと思っております。

そこで早速ですけれど，先日作成頂いた，2時間の動画レクチャーを聞かせて頂きまして，先生は，セラピーというものを成り立たせ，そして効果的にするのに必要な要因を，実に余すところなく，かつ，非常に要領よく，わかりやすくまとめてくださったかと思います。まさにさすがは我らの大谷先生，っていう感じで，豊富な学殖とご経験を元に，大変貴重なレクチャーを頂きました。

何で貴重かと言いますと，大事な要点が次々に並べられているので，一見，目立たないかもしれませんが，ここにはですね，先生がこれまでずっと第一線でリードしてこられた，ロジャーズをはじめとして，エリクソン，そしてマインドフルネス，そしてさらには最近のポリヴェーガル理論に至るまで，非常に的確にそれぞれのエッセンスがギュッと濃縮されていて，この4者を貫く重要な共通点を，先生が見事に浮き彫りにしてまとめてくださったからなんです。それがあのレクチャーにすごく反映されていると思うんですね。

そこでそれを受けて，せっかく頂いたこの貴重な機会に，私

が先生にお伺いしたいのは，今度は逆にその4者の共通点を踏まえたうえで，同時にこの4者がですね，それぞれ立ち位置もちがうし，切り口もちがうし，バックボーンもそれぞれのものがあって，微妙なちがいも同時に持っているかと思うんですよね。なので共通する4者の，それぞれのちがいについてはどうお考えになられるでしょうか？　共通するところとちがうところの両面を合わせて考えると，今回のテーマ「治療関係がセラピーを有効にする」を考えるうえで，さらに考察を深められるんではないかと思いました。

　そこでちょっと大きな質問になるかと思いますけれど，その辺りの先生のお考えをお聞きできればなという風に思っています。特にロジャーズとポリヴェーガルとかですね，エリクソンとポリヴェーガルとか，マインドフルネスとポリヴェーガルとかですね，いろんな見方ができるかと思うので，是非，先生のお考えをお伺いできればと思っております。いかがなものでしょうか。

　大谷：ありがとうございます。身に余るお言葉を頂いて赤面しております。こうして先生とお話しさせて頂くといろんな話題が出てくるような気がします。私は大学院のときに統計学を副専攻しました。

　津田：ああ，そうだったんですね。

　大谷：特に多変量解析というアプローチにハマりまして，週に20時間コンピューターの前に座ってデータ分析をしました。そこで一つ学んだことは複雑なデータをちゃんと理解するにはデータに潜む**共通要素**と**個別要素**とを特定しなければならないということでした。

　この体験からカール・ロジャーズ，ミルトン・エリクソンに

共通する要素，そして２人の個別要素は何かに興味を持ちました。それに今回，ポリヴェーガルが加わったのです。

とりわけポリヴェーガル理論の安全・安心感を読んだときには「これが３つに共通する要素だな」と直感的に感じました。とは言え，ロジャーズとエリクソンの臨床アプローチは全く異なります。これが個別要素です。大切なことはこの２人，ひいては有能な臨床家全てに共通するのはアプローチを超えた何かがある。これがポリヴェーガル理論の説く安心・安全感だと信じるに至りました。

セラピーにおけるケアリング

大谷：40年近く心理臨床に携わって気づいた，もう１つの共通要素は他者に対する思いやりです。英語では「ケアリング（caring）」と言いますが，クライエントのことを真摯に気にかけることです。私の臨床催眠の恩師ケイ・トンプソン先生はミルトン・エリクソンに40年近く師事した，ピッツバーグ大学の歯学部の教授でした。先生は，エリクソンはまるで催眠テクニックの神様みたいにあがめられているけれど，私の知っているエリクソンは非常に患者思いの精神科医であった，と述懐され［大谷 2002, p.5］，「彼が私に教えてくれた催眠とは患者の苦しみを和らげる手段であり，患者への配慮をいかに効果的に伝えるかであった」と言われました。さらに「患者にとっては治療者がどれだけ知識を持っているかなんて全く関心はない。彼らが本当に知りたいのは治療者がどれだけ自分に関心を持っていてくれるかだ（Patients do not care about how much therapists know; they just want to know how much their therapists care）」と何度も述べられたことを想い出します。

　トンプソン先生ご自身もこれを実践されておられました。平成 7 年 1 月 17 日早朝，アメリカでは 1 月 16 日の夕方に阪神・淡路大震災が起こった際，早速私に電話をされてこられ，「大阪の家族は大丈夫ですか」と声をかけて頂いたことは一生忘れることはないでしょう。これが「ケアリング」，思いやりです。

　トンプソン先生についてもう 1 つ。このように温かく，思いやり深い先生でしたが，催眠のトレーニングには非常に厳しかった！「練習，練習，練習！」と常にハッパをかけられ，催眠誘導のテクニックを何度も，何度も反復練習するよう指導されました。クライエントを観察する，それに合わせて暗示を与える（ペーシング），暗示の内容にそって口調を変える，云々。先生自身，腕浮揚という誘導法を少なくとも 1,200 回ぐらい練習したと仰られました！「催眠誘導は 300 ～ 400 回も練習すれば身につく。本当に難しいのは患者にとって効果のある催眠暗示を与えること。なぜならこれは一人ひとりの患者によって異なるから」という言葉もいまだ脳裏に焼きついています。晩年になられても暗示をメモに書きとめ，独り練習しておられた姿をいつも思い出します。

津田：そうですかぁ。

大谷：さて思いやりとケアリングに戻りますが，ロジャーズの晩年の著書に Therapeutic Relationship and Its Impact（「治療関係とそのインパクト」（未訳））という大冊があります［Rogers et al. 1967］。ウィスコンシン大学で統合失調症のクライエントさんを対象にパーソン・センタードセラピーを応用した研究プロジェクトの報告書に基づいた名著です。このなかで沈黙を保つクライエントにロジャーズは自己一致の立場からセラ

ピーを実践しています。あるとき，クライエントが口を開き「私はもうどうなってもいいんだ」とポツリと語ります。このときロジャーズは，彼を見つめて「私はあなたがよくなるようにと気にしています」と返答するのです。これを聞いたクライエントはすすり泣きました。ここにロジャーズという不世出の臨床家の心が現れていると思います。

津田：ああ，なるほどぉ。

大谷：お答えになっていますかね。

ポリヴェーガルとマインドフルネス

津田：はい。もうまさにそこが共通点ってことになってきますね。するとマインドフルネスは，どういうことになるでしょうね。

大谷：マインドフルネスについてはレクチャーでもお話ししましたが，現時点の出来事を判断を下さず，ありのままに観察するというヴィパッサナー的な側面が強調されすぎており，サマタ（注意集中）やメッタ（慈悲）といった側面にはあまり触れていません。最近になってようやくセルフコンパッションが注目され始めましたが，四無量心，つまり他者にくつろぎと喜びを与え（慈），苦しみを取りのぞき（悲），相手の喜びを我がことのように喜んで（喜），どのような状況でも平静を保つ（捨）という基本概念はまだまだ十分に理解されていないようです。この４つのなかの最後の捨はマインドフルネスでロジャーズの自己一致に当たります。四無量心はまさに思いやり，そしてポリヴェーガル理論にも共通するのではないでしょうか。

津田：なるほど。興味深いです。

大谷：はい。

津田：あの，ポージェス自身もですね，マインドフルネスとの関わりってことを近年になるにつれて考えていて，いろんなところで言及することが増えている感じがあると思います。で，私もセミナーなどをやっていると，ポージェスが言っている腹側の状態と，それからマインドフルネスの状態ってのはどう関わるのか，同じなのかちがうのか，どうなんだ？ みたいな質問もよく受けるんですよね。

大谷：面白いところですね，そのあたりは先生どうお考えですか。

津田：はい。まずポージェス自身がですね，マインドフルネスっていうことがうまくいくためにも，身体レベルでまず安全感を持っておくことが必要条件なんだ，と強調しているんですね［Porges 2017, pp.86, 153, 235-6；津田 2019, pp.414, 490］。

大谷：そうみたいですね。

津田：はい。必要条件なんです。でも必要十分条件だとまではポージェスは言わないんですね，こういうときって。

大谷：うんうん。

津田：少なくともそれがないことにはやっぱり，マインドフルネスも始まらないだろうとね。だから必要条件。でも必要十分でないってことは要するに，腹側があってそのうえで，マインドフルネス固有のね，さらに必要な条件があるだろうっていうところは，開いてあるんだと思うんです。そういう捉え方をされているんですね。

大谷：マインドフルネスの実践で一番難しいのは実践中に生じる身体感覚の気づきです。私の経験では2つあります。1つは痛みです。私は半跏趺坐で30分ほど毎日座るのですが，最

初は脚が痺れ，とにかく痛かった！　これを呼吸とともに見つめるのはさすがにつらいです。それともう1つは痒みです。痛みをこらえるのが困難なのは理解しやすいですが，じっと呼吸に注意を向けているときに突然鼻の先や耳が痒くなる。痒さに気づきながら呼吸を観察しようとは思うのですが，これが難しい！　「あぁ〜鼻先をひっかいて痒みを止めたい」という考えが繰り返し襲ってきます。こうした体験から自己を見つめることがいかに難しいかをいつも学んでいます。

　一方，マインドフルネスの臨床では過去のトラウマ記憶が生々しくよみがえることがあります。偶発性徐反応（spontaneous abreaction）という現象ですが，私も体験しました。こうした予期しない出来事が起こったときにきちんと対処できるか。これがマインドフルネスを教え，それを治療に活用するセラピストに求められる資格の1つです。

　津田：ああ。

　大谷：身体と心の安心と安全感。それに突発的な不安反応に対処する能力。これにもう1つ欠かせないのが信頼のおける治療者という要素です。

　津田：ええ。

　大谷：そういった人がいないと1人で実践するのはどうしても心細く感じます。

　津田：そうですね。で，実際やっぱそれでね，1人だと続けられなくなっちゃう方っていうのが，どうしてもあったりする。

　大谷：まさにその通りです。マインドフルネスには再トラウマ化の可能性が全くないわけではありません。統計研究では約80〜85パーセントが何らかの不快感を感じたと報告されています。ただし90パーセントの場合，悪影響は残りませんでし

たが，残りの 10 パーセントはこれが問題になったと答えています［Baer et al., 2021］。

津田：ええ，なるほど。

大谷：データによって若干異なるのですが，アメリカや日本の場合はリトリート型式の集中合宿のあと除反応の出やすいことがわかっています。

津田：そうなんですね。

大谷：こうしたことがあるので，先に言いましたように臨床家は安心と安全感を確立し，それを維持する能力が必要です。

津田：ああ，そうなんですね。

大谷：はい，これらは非常に大切です。

津田：そういうことになりますよね。

大谷：はい。

津田：まあ結局，嫌なことを思い出しても安全感が根底にあれば，その 9 割の方々のように，何とかそこを乗り切っていくっていうことになるんだと思うんですけど，でも 1 割の方は，残念ながらそこがひょっとしたら。

大谷：できないんですよね。

津田：できない。

大谷：はい。

津田：そういう意味ではだから，ポージェスが言ったように安全感がまず必要条件で，そのうえでマインドフルネスが成立するってことが，当たっていることになってくるんですかね。

安全感と記憶の再固定化

大谷：そうですね。当たっています。

最近になって記憶再固定（memory reconsolidation）という理論と実践がアメリカで注目され始めました［Ecker et al. 2024］。これまでのトラウマ治療ではトラウマ反応を変容させることがねらいでした。持続エクスポージャーはこれの典型です。記憶再固定のユニークな点は反応ではなく，トラウマの記憶そのものに働きかけ，これまでとは異なる反応が起こるようにすることです。

　この視座に立つと怖ろしい記憶，嫌な想い出が頭のなかに浮かんでくる。身体が強張りどうしていいかわからない。このときふと前を見たら信頼のおけるセラピストがいた。不安と恐怖にかられていますと伝えたら，じっと耳を傾け，真摯に自分の話を聴いてくれる。これによって過去の体験が変わるとも考えられるのではないでしょうか。

　津田：はい，その通りだと思います。

　大谷：このように考えると，安心と安全感を体験できるということ自体が治療につながるのだということがわかってきました。

　津田：うんうん。

　大谷：この視点に立ったセラピーを先駆けて実践したのがミルトン・エリクソンです。

　津田：うん，なるほど。そういうことになるかな。エリクソン自身も，状態依存性記憶（state-dependent memory）の説を重視して，依拠していましたしね［Erickson et al. 1980］。

　大谷：エリクソンが報告したケースに『二月の男』というのがあります。横井勝美さんの翻訳で日本でも出版されていますが［Erickson & Rossi 2009=2013］，実際には１つの症例ではなくいくつかのケースの総称です。一番有名なのは幼児期から数々の困難を体験した女性のトラウマ体験を年齢退行によって追体験

させたケースです。エリクソンは「父親の友人」という名目で
クライエントの話を聴き，不安記憶を変容させるという治療で
した。タイトルはクライエントが2月生まれだったことから
『二月の男』にしたと述べています。恐怖記憶を安全感に満ち
た記憶に変える。記憶再固定で用いるアプローチです。

　津田：はい。先駆的ですよね。

　大谷：結局，安心と安全感を想起させることによってトラウ
マ反応だけでなく，記憶そのものが持つ意味が変わるというこ
とをエリクソンは発見しました。これはポリヴェーガルにつな
がるのではないかと思います。

安全感とリソース

　津田：はい，そうですね。そして，そのときやっぱり，安全感
をつくるにあたって，まず今のまさに2月が誕生日とかですね，
本人が普通に持っているもの自体をリソースとして使っている
わけですよね。私に言わせれば「ニュートラルなリソース」。

　大谷：その通りですね，はい。

　津田：はい。この辺りもね，私もレクチャーの方で話させて
頂きましたけど。

　大谷：はい。

　津田：このやっぱりリソースの使い方というのが，エリクソ
ンの素晴らしいところですよね。

　大谷：見事ですね。

　津田：はい。**そうやって変化していないところを使いながら，
変化になっていくんですよね**，結局。

　大谷：先生がレクチャーで仰られた「揺れてもぶれない」と

いうのを聞いたとき，まさに目からウロコが落ちる思いでした。

　津田：そうでしたか。ありがとうございます。エリクソンは
やっぱりね，リソースの使い方というのが，本当にすばらしい
ですよね。

　大谷：そうですね。

　津田：だからそこで，変化ってことを考えていくとき，変化
しないものを使って，変化を引き起こしていくって言ってもい
いのかなっていう風に思うんですけどね。ただし，その変化し
ないものっていうのは，本人にとって，すごく大事なものが使
われていて，それを組み合わせることによってなぜか，新しい
ものがそこに生まれるんです。すでに持っているものの新しい
組み合わせができるわけですよね。

　大谷：先生，その，リソースのなかに安全感を見出す。本人
が気づいていない安全感があると考えてよろしいでしょうか。

　津田：と，私はそう思って，エリクソンとポリヴェーガルが
近いんではないかという風に思ったんですね。でも意外に，世
界的にみても，この２人をつなげて論じている方っていなくっ
て。

　大谷：なるほど。

　津田：ポリヴェーガルっていうと，ソマティックな心理療
法っていうことばかりで言われて，もちろんそれとは非常に深
い関係があるし，重要な点がたくさんあるんですけれど。

　大谷：ありますね。

　津田：でもそこには留まらないだろうという風に僕は思って
いるんですね。私やっぱりポリヴェーガルを読み終わったとき
に，最初にこれ，じゃあ臨床に使うとしたらどういうことにな
るかなって思ったときに，真っ先に頭をかすめたのはエリクソ

ンだったんですよね。

大谷：ああ，やっぱそうですか。いやあ，それ素晴らしいです。本当そうですね。

津田：はい。で意外にこういう方はいらっしゃらないかもしれないんです，驚いたことに。

大谷：はい。

津田：エリクソンこそもう1930年代ぐらいにすでに，いかに安全感ってことを作って，それを元にして，患者さんの変化を作っていくか，ってことを本当に見事にやっていた方だという風に私は理解しているんですね。ポージェス（1945年生）が生まれるはるか前のことです。

催眠とは何であったか

大谷：これは少々語弊あるかもしれませんが，安心と安全感がないと本当の催眠は起こらないと思います。いわゆる高圧的なアプローチですね。私の言うとおりにしなさいというスタイルです。フロイトはまさにこれで，催眠下手だったと言われています。

津田：みたいに，よく言われる。

大谷：ちゃんと文献に記されています。だから断言していいと思います。フロイトのやり方は，「目を閉じて，さあ，早く。催眠に入りなさい」という命令口調でした。そして催眠から覚めないと怒ったと言うんです（笑）。

津田：らしいですね（笑）。

大谷：そこでピエール・ジャネが登場し，後にエリクソンが出てきた。エリクソンが天才だなと思うのは，彼は安心と安全

感の重要性をポリオの体験から身をもって感じていた。それを
実践に使ったことです。

　　津田：そうですね。

　　大谷：そして，個々の患者の持つリソースにそれを当てはめ
て安心感を伝えた。いや，今のあなた自身で十分なんですよ，
と伝えたのだろうと思います。

　　津田：そうですね，そうですね。そういう意味では，いわゆ
る催眠っていうものの形を変えた人と言ってもいいと思います
よね。

　　大谷：変えましたね。

　　津田：うん。いわゆる今までの権威的な催眠っていう言い方
がよくされると思うんですけど。

　　大谷：はい。

　　津田：さっきのフロイトのがあまりに乱暴だとしても。

　　大谷：乱暴でした。

　　津田：セラピストがクライエントに対して，一方的に上から
指示をして，暗示にかけるという。

　　大谷：上から目線ですね。

　　津田：ええ，そういうのはエリクソンは要するに必要ないん
だってことを言ったわけですよね。

　　大谷：そのとおりです。

　　津田：例えばそれまでだったら，催眠にかかりやすいか，か
かりにくいか，被暗示性がどうかってことが，催眠療法をやる
うえで非常に重要な条件だったわけですよね。

　　大谷：このエリクソンの場合には……。

　　津田：エリクソンはそれ，必要ないんだってことに。

　　大谷：はい，クライエントのリソースを利用していますから。

つまり相手に合わせているのです。ここに安心と安全感が生まれる。患者は何が得意か，どういったことに馴染みがあるかを見つける。我々は自分の慣れ親しんだことに安心を覚えます。エリクソンはこれをはっきりと理解していました。

　津田：そうですよね，ニュートラルなリソースの共有による安全感。だから結局，**関係性でやっていけばいいので，個人の被暗示性なんか関係ないんだ**っていうところに持っていったのがやっぱり，すごく大きな革命だと思うんですよ。

　大谷：大きいですね。

　津田：はい。

　大谷：オハンロンとヘクサムの『アンコモン・ケースブック』によるとエリクソンが実際に催眠療法を用いたのは全患者の約5割ぐらいで，残りのケースは「催眠的」だったそうです [O'Hanlon & Hexum 1990=2001]。この催眠的という言葉の裏には患者のリソースを利用する，それによって安全感を確立させたと言って間違いありません。

　津田：はいはいはい。エリクソンと，またもう1人のお弟子さんのアーネスト・ロッシがまとめた本がいくつかありますけど，あそこで繰り返して出てくるのは，いわゆるトランスで一番大事なのは，「**日常ありふれたトランス**」なんだっていうことなんですね [Erickson et al. 1980]。

　大谷：ありますね。

　津田：つまり，非日常的に作り出すものじゃない。もう関係性自体がトランスなわけですよね，すでに。

　大谷：はい，そして同時にそうしたトランスを的確に認識し，それを自然な形で臨床に応用できるかという能力が必要です。これを鍛えるために凝視法や腕浮揚などのトランス誘導法を反

復練習するわけです。トンプソン先生はこれをエリクソンから習い，体得されていた。だから「練習，練習，練習」と我々に諭されました。

　津田：っていうことなんですね。

　大谷：はい。

ちがいというリソース

　津田：で，そうやって**関係性にシフト**したから，今度はそうすると，**リソースは 1 人 1 人ちがう**んだってことになってくる。

　大谷：ちがってきますね。

　津田：はい。セラピストの側が予め決めたものをするわけじゃあ，もうなくなってしまうので。だからまあ，テーラーメイドというかね。その人その人にあったものでしかできないっていうことで。エリクソンはもう，堂々とね，セラピーは理論でやるんではないんだ，それじゃあ間違いなんだとまで，明言しているぐらいです。

　大谷：そのやり方は非常に効果的です。

　津田：はい。

　大谷：全くその通りです。理論に基づいた原則はあるのですが，それに執着するとクライエントを理論の枠組みに当てはめることになってしまいます。これはマニュアル化されたセラピーの弱点です。効果的な治療はあくまでもクライエントに合わせたスキルをタイミングよく活用せねばなりません。

　津田：はい。

　大谷：ここでマインドフルネスが有効になります。クライエントの反応を観察しながら，同時に治療者自身の内面の気づき

を頼りに治療を進めていくからです。

津田：はい。

大谷：これをポリヴェーガル的な言葉で言えば安心と安全感であり，腹側的な心構えではないかと思うのですが当たっていますか，この考えは。

リソースを観察する力

津田：はい，そうですね。当たっていると思います。そして恐らくそうすると，1人1人が持っているものがちがうっていうところで，観察ということが重要になってきますよね。

大谷：なってきます。観察しないと出てきません。

津田：そう。予め理論で見るんではなくって，その人がどういう人なのかっていう観察を，とにかく，それこそ，「観察せよ，観察せよ，観察せよ」っていうエリクソンの言葉があると思うんですけど。それがね，重要になってくると思うんです。じゃあ，**観察って何を観察しているかって言ったら，リソースを見ているわけですよね**，結局。

大谷：はい。

津田：そういうことになりますね。

大谷：これは言語化することが困難です。

津田：はい，そうですね。

大谷：観察がいかに重要かを示す逸話があります。あるときエリクソンのオフィスに女性の患者が訪れた。診察室で話を聞くと深刻な問題を抱えており，信頼のおける精神科医にかかりたい。そこでこれまで数人の医師のもとを訪れたがどうもしっくり感じられない。どうしようかと悩んでいたところ，アリゾ

ナ州にミルトン・エリクソンという非凡な先生がおられる。彼に相談してみたらどうかというアドバイスを受け，わざわざやって来たというのです。

10〜15分ほど患者の話を聞き，患者が「実は私の悩みというのは……」と切り出したところ，エリクソンは「もうわかっていますよ。あえて説明する必要はありません」と答えた。患者があっけにとられていると，エリクソンは「男性のあなたが女装するようになってもうどれぐらいになるのですか」と尋ねた。驚いた患者は「私の女装癖を見抜いたのは先生が初めてです」と言い，どうしてそれがわかったのかとエリクソンに尋ねた。

エリクソンはあなたのボディーランゲージだと答えました。「あなたが診察室の椅子に腰をかけ，肩についた糸くずを取り払ったとき，あなたの肘は無造作に胸に触れた。私には娘が3人おり，それぞれの成長過程を父親として医者として丹念に観察してきた。女性が思春期に達し，胸が発達しはじめると無意識のうちに肘を曲げて前に伸ばし，乳房に当たらないようにする。身体の固有感覚（proprioception）だ。あなたにはこうした体験がないから肘を曲げたり，伸ばすことはしなかった。これを見たとき，この患者は男性の固有感覚で腕を動かしていることがはっきりした」と応えました。

1960年代ですから，当時はアメリカでも個人情報保護法が整備されておらず，エリクソンは自宅で患者を診ていました。患者の了解を得て研修医やインターンたちがエリクソンの診察を見て学んでいたのです。そのなかの一人がトンプソン先生でした。先生は「女性の私が見ても男性だとは気づかなかったぐらいの女装で，声もまったく女性だった。それをエリクソンは

患者の観察から見抜いた。これが観察の究極ね」と仰られました。

津田：はい。

大谷：トンプソン先生はさらに，「仮にもし私がその場でこの患者は女装しているのではないかと疑ったとしても，それをズバリと言うだけの自信はなかった。しかしエリクソンは言い切った。つまり彼は観察力を徹底的に鍛え，信頼していた。これは後進の我々にとって貴重な模範ね」と言われました。患者が隠していること，気づいていないことを観察する力。そして患者がそれを理解できる形でわかりやすく伝える。これがエリクソンの教えた重要なポイントです。

津田：はい，そうですね。だからそこはもう絶対間違いないという確信を持っていますよね。

大谷：確信できるようになるまで絶えず練習を積む。こうした観察力によって得た情報を患者にどう表現するのか。これを考えなさいと何度も言われました。

津田：はい，そうですよね。そこがやっぱり，エリクソンの一番謎だったんで。そこがわからなくって，僕も何年もかかって研究したわけなんですけど。

大谷：そうですか。

津田：そうなんです。やっぱりエリクソンって言うと，トリッキーなヘンテコな課題を出す人だよね，みたいなことがよく言われるわけですよ，表面的に。

大谷：私はエリクソンに直接出会うことはできませんでしたが，トンプソン先生というエリクソンが信頼した先生に出会えたことは非常に幸運でした。レクチャーでも言いましたが，エリクソンの患者は彼のことを何と物わかりのいい医者だろうと

評価していた，とトンプソン先生から聞きました［大谷 2002, p.5］。こうした信頼，そして彼が醸し出す安全感を肌で感じたからこそ患者たちはエリクソンの〈ヘンテコな指示〉に従ったのでしょう。

　津田：はい。で，そう思えるのはやっぱり，エリクソンのその観察力が鋭くてね。図星をついているからだと思うんですよね。

　大谷：かつ自分のことを気遣ってくれているってことを患者は信じていた。

　津田：うんうん，そうなんですよ。そう信じることができた。でね，だから何であんなトリッキーな課題を出すのかっていうのはともかくとしてですね，もっと大事なのは，何でそれを患者さんたちが大真面目にやるのかっていうことじゃないかって。

　大谷：これは簡単にはわかりませんね。

　津田：しかもですよ，それで何でまた良くなってしまうのかってことなんですよね。それをどうしても解き明かしたかったんですよ。

　大谷：はい。

　津田：そこで探究してみると結局はですね，その患者さんの**リソースを全部引き出してきて，それを組み合わせた課題になっている**わけですよ。

　大谷：こっちから見ると変だなと思うけれども，患者にとったら十分に意味があった。

　津田：そうそうそうそう。

　大谷：この先生，エリクソンが言うんだから間違いない。患者がこう感じて彼を信じていたことは確かです。

　津田：ですよね。だから患者さんとすると，もう，言ってみ

れば，「あなたは今のありのままでいいんですよ。そのありの
ままをもっとやりなさい」って言われているっていうことなん
ですよね。そのヘンテコな課題というのは。

大谷：そのヘンテコな課題をこなしながら，患者はやめよう
かと思ったかもしれません。でも実行した。

津田：はい。でそこがわかって僕もね，エリクソンが初めて
何かわかった気がして，とりあえず，それで格闘しないで済む
ようになったんですわぁ。

大谷：(笑)。

リソースの射程

津田：やっぱりそこのすごさっていうのがエリクソンには
あって……。それともう1つ，「リソース」ということなんで
すが，今や多くの心理療法がリソース，リソースって言うよう
になっていて，でもそこで言うリソースって，大概ポジティブ
なことだけを言うわけです。

大谷：はい。

津田：もちろん，ポジティブなリソースは大事なんですが，
僕がそのときにエリクソンの症例をいろいろ見て思ったのは，
**ポジティブなリソースだけでなく，ニュートラルなリソースも
ネガティブなリソースもあるなと**［津田 2023a, pp.87-8］。

大谷：そうですね。

津田：で，この3つ（のリソース）がうまく組み合わされて
いるからこそ，ご本人としたら本当に丸ごと全部自分を肯定さ
れているんですよね。そうなると，自分のいいところはもちろ
んのこと，自分のありふれた有様も，問題行動も，全部 OK っ

てことになるんですね。

大谷：これがエリクソンの天才性でした。ネガティブなことを指摘されても，この先生が言うからまかせてみよう。患者たちはエリクソンに出会えて幸せだったんじゃないかと思います。

津田：そうですねえ。

大谷：ねぇ，本当そうですね。

津田：はいはい。するとそこに，安全感がものすごく滲み出てくるんですね。ポジティブなリソースも，ニュートラルなリソースやネガティブなリソースと組み合わされることで，ますます生きてくる。

大谷：私はベティ・アリスさんというエリクソンの2番目の娘さんと仲がよかったんです。

津田：はい。

大谷：あるとき一緒に食事をしていたら，たまたまエリクソンの著作が話題になりました。エリクソンが著した論文はアーネスト・ロッシによって4巻にまとめられています［Rossi 1980］。その第4巻の中に散りばめ法による慢性疼痛の緩和についてのケースが収録されています。レクチャーで話した「ジョー」という患者の症例です［Rossi 1980；Haley 1973=2001, pp.367-75］。

津田：はい。

大谷：詳細はレクチャーに記しましたが，要旨は末期がんの患者でオピオイド薬が効かず，若手の研修医が催眠を彼に試みたが失敗に終わった。そこでエリクソンのもとに連絡が入りました。エリクソンはこうした最悪の状況では通常の催眠誘導が効かないことを十分に承知していた。そこで彼はジョーのベッドの横に座り，トマトの苗について語ったのです。こうして話しながら，「ジョー，トマトは昼間は日光に当たり，ほかほか

として気持ちがいい。夜になると気温が下がるのでよく眠れる。雨が降ると水分を吸収して補給する，云々。文中の〈気持ちがいい〉〈よく眠れる〉〈水分を吸収して補給する〉は催眠暗示でこれらを繰り返しジョーに与えた。トマトの苗の話に暗示を散りばめたことから，このアプローチは〈散りばめ法〉と名づけられました。エリクソンは腕浮揚という観念誘導による画期的なトランス誘導法を開発したことでも有名ですが，散りばめ法はこれに並ぶ，ユニークな催眠アプローチです。私もこのテクニックを頻繁に使っています。

　しかしここで見落としてならないのは，原著を読む限り，エリクソンは自信に満ちてジョーの治療を引き受けたのではなかった。彼の本心はひょっとしたら催眠など全く役に立たないかもしれない。自分はこの重症の患者にいったい何ができるのだろうかと悩んだのです。一晩考慮し，結局，医師としての自分の使命は**患者に何か役に立てることがあればしてあげたい。この真摯な願いを患者に伝えることこそが自分のなすべきこと**だとの結論に達した。このときの彼の心境を綴ったパラグラフをレクチャーで引用しておきました。残念なことにこの重要な箇所はエリクソンに関するテキストにはまったく見当たりません。彼のテクニックに固執するあまり，エリクソンの人間性を見失っているのです。これが惜しくてならないと彼女に言いました。

　ベティ・アリスさんは，「ああ，父が生きていてその言葉を聞いたらどんなに喜んだか」と言ってくれました。そうですかと尋ねたら，「父はね，自分の名声が広がるにつれ，このテクニックを学びたい，あのテクニックをどう行ったらいいかなどと聞く。本当に大切なことは相手の立場に立って問題解決を図

り，これを患者にうまく伝えることなのだといつも言っていたのよ」と語ってくれました。だから父のエリクソンがそれを聞いたら，どんなに喜ぶかと言ってくれたのです。

またそのとき，ジョーが日系2世だったことも教えてくれました。これ聞いて思わず胸が熱くなりました。エリクソンは患者のことをまず一番に考え，詳しく観察した。そして共感的に理解を伝え，慎重にリソースを選んで治療を行った。これが我々にあまり知らされていないエリクソンの神髄です。

観察とは愛情表現である

　津田：ああ，とてもステキなお話です。となるともう，エリクソンのリソースの観察っていうのは，ただの観察ではなくて，ほとんど愛情表現みたいなものですね！

　大谷：そう，一種の愛情表現ですね。

　津田：そう思った方がいいかと思うんですよね。

　大谷：まさにその通りですね。

　津田：はいはいはい。

　大谷：このように考えると安心と安全感というのは単なる技術じゃなく，常に確認し，クライエントに接する態度です。

　津田：はい。これはすご～く大事なことだと思いますね。

　大谷：やっぱそうですね。

　津田：そこはロジャーズもおそらく重なってくるところなのかなと思うんですけど。まあ，ロジャーズは催眠とかっていう方法では全然なかったんですが。

彼らも失敗した！

　大谷：ロジャーズもやはり 50 歳ぐらいのときでしょうか，少々精神的に疲れて 1 年ほどセラピーを受けたと書いていますね。

　津田：はい。

　大谷：やはり苦労があったんでしょうね。

　津田：うんうん。まあ，あのときもなんか，統合失調症の患者さんの関わりを自分は失敗したという風に思って。

　大谷：その結果，自分まで混乱に陥ったと告白していますね。

　津田：そうですよね，そう。自分は治療者としてダメなんじゃないかとか。

　大谷：こうした治療者の人間像を知ると，先生が今仰ったように彼らは確かに技量面では自分よりもはるかに優れており，いろいろ学ぶことが多い。だけどやはり彼らも人間であり，自分と同じように苦労したんだと感じると一種の親近感を覚えます。先生もそのようにお感じになりますか。

　津田：そうですそうです。で，ちょっと励まされるようなね。

　大谷：ありますね，確かにね。そうです。

　津田：そうそうそう，ロジャースがそんな歳になってやっぱり，そういうことがあったんだって。

　大谷：でしょう？　50 ～ 60 歳の円熟期になって深刻に悩み，ついにセラピーを受けた。これを読んだときは，「えぇロジャーズですらこんなことがあったのか！」とびっくりしました。人間味を感じたとでも言うのでしょうか。

　津田：うん，そうですね。一方エリクソンもやっぱり，自分

が失敗した例っていうのも，隠さず公表しているものがあります ものね。

　大谷：ありますね。

　津田：うまくいかなかったケースっていうのを。

　大谷：ありますね。私は大抵のクライエントさんに対しては 親しみを覚えますが，なかにはあなたは私の力では助けること ができないから，代わりのセラピストを見つけてあげようと言 うこともたまにあります。

　津田：うんうん。

　大谷：だから自分の尊敬する治療者を一人の人間として理解 することは本当に励みになり，親近感がわきます。本当にため になると感じます。先生もそうですか。

　津田：そうですね。はい，本当にそうです。

　大谷：はい。

エリクソン神話を超えて

　津田：あと，ハモンドさんがですね。「エリクソン神話」と いう論文を昔，書いていますよね［Hammond 1984］。まあこれ， 何を隠そう私，大谷先生と高石先生のご本［高石・大谷 2012］で 最初に知ったんですけれど。実際この論文読んでみて，すごい 目からウロコで，びっくりすると同時に，すごく胸を撫で下ろ したんですけど。

　大谷：あぁそうですか。

　津田：さっきも大谷先生が，エリクソンが実際に催眠療法を 用いたのは，全患者の5割ぐらいにすぎなかった，というオハ ンロンたちの話をご紹介くださいましたけれど，いわゆる「こ

れがエリクソンのアプローチだ」って言われているやり方を，エリクソンは決してどれもやっていたわけじゃないっていうんですよね。

大谷：その通りです。

津田：ですよね。なのにそこが神話になってしまったと。どんなアプローチを使うかっていうこれ自体が，もう患者さんによって，いろいろ変えていることで……。

大谷：ありますね。

津田：ある患者さんにとっては，めちゃめちゃ指示療法で，バシッと命令するだけのこともやっていたかもしれないし，かと思えば，ロジェリアンみたいなこともやっていたしってね。

大谷：はい。結局，1つのテクニックやアプローチに固執していないと言うか，自由闊達と言うか，臨機応変ですよね。

ハモンドさんはよく知っていますけども，「アキラ，私はエリクソンと何度も何度も話した。思うに一部の〈エリクソニアン〉が彼のアプローチのなかからある部分だけを拾い出して，『これがエリクソンのやり方だ』などと公言するのはもってのほかだ。後進にとっては百害あって一利なしだ。だから論文にして公表しなければと考え，2編の論文を執筆した」とこぼされておられました。それぞれアメリカ臨床催眠学会（ASCH）と臨床実験催眠学会（SCEH）の学術誌に発表されました。いずれも非常に参考になる論文です。

津田：はい。すごくあれは，私，勇気づけられた論文でしたよね。**エリクソンっぽいことをエリクソンもそんなにいつもやっていたわけじゃないっていうんですからね。**

大谷：ロジャーズのこともちゃんと触れていますしね。

津田：ええ。それを言った最初期の論文かもしれませんね。

大谷：ありますね，はい。

津田：だから何か，いわゆる**エリクソンっぽいことしなくてもいいんだ**って，初めて呪縛を解かれたっていうかね。

大谷：恩師トンプソン先生はよく，「本当にエリクソンのようになりたいと思うのなら，あなた自身のやり方を開発しなさい」と仰られました。

津田：はいはい。エリクソン自身もそう言っていたっていうのが書いてありました。「私の真似をしてはいけません。私も昔そうやってみようと思いました。でもメチャクチャでした！」ってね［O'Hanlon 1987=1995, p.6］。

大谷：はい，そうです。エリクソンの真似をするなってことです。

津田：はい，そうですよね。先生の言われる，「でも・しか」やチャート式のアプローチにもつながりますね。

大谷：まさにその通りです。

津田：うんうんうん。

大谷：一流のレベルに達した治療者は決して他人を真似ない。先達から学び，自分のメソッドを確立するように努める。患者のことを思い，そして自分自身を大切にすることです。

津田：そうですね，これもやっぱり，さっきの1人1人にとって安全感はちがうんだっていう。

大谷：そうですね。

津田：そのこととつながるんだと思うんですよね。

大谷：はい。

津田：いくらエリクソンにとっていいやり方でもね，あなたにとって，そうとは限りませんよってことにもなってくるわけで。

ニューロセプションの誤作動と投影・逆転移

　大谷：今，先生が仰られたことで１つ質問があります。それはニューロセプションに関することですが，こちらがいくらニューロセプションだと信じていても，これが相手にとってそうであるとは限らない。このニューロセプションの誤認，誤作動ですが，これは観察以外にどう判断すればよいのでしょうか。このクライエントにはこのニューロセプション，あのクライエントにはちがったニューロセプションということになるでしょうか。これをどう判断するか。クライエントの見立て，アセスメント，もしくはリソースの発見でしょうか。それとも他に何か方法があるのですか。

　津田：うん，リソースの発見ってことになると思うんですね。

　大谷：あ，そうですか。はい。

　津田：で，ニューロセプションというのは，ポージェスが繰り返し強調しているように，これ誰でも，動物でも，知らずにちゃんとやっていることなわけですよね，まず何よりも［Porges 2011, 2017：津田 2019, 2022]。

　大谷：う〜ん。

　津田：で，目の前に誰かがね，特に初対面の人の場合，わかりやすいと思いますけど。目の前に誰かが現われたときに，この人が安全なのか危険なのかってことを，もう立ちどころに。

　大谷：はい，わかります。

　津田：わかりますよね。でもそれ，ほとんど我々意識もしないレベルで，安全かどうかがわかっているっていう意味で，ニューロセプションっていうことになりますよね。

大谷：なるほど。瞬間的に起きる。

津田：はい，そういうことになりますよね。ただ，その瞬間，いつもそれが当たっているとは限らないっていうことが起こりうる。

大谷：なるほど，これが誤作動ですね。

津田：そうなんです。それが誤作動ってことになってきます。

大谷：なるほど，なるほど。こちらの見方の誤りである。はい。

津田：なぜ誤作動が起きるかって言うと，ポージェスが一番言うのはやっぱり，言ってみればトリガーの見落としっていうことなんですよね。

大谷：トリガーの見落としですか。

津田：つまり，相手が安全なメッセージを出しているにもかかわらず，こっちにはそれが見えていないみたいな。

大谷：ということは結局，こちらがちゃんと相手をありのままに見ていないと解釈してよいのでしょうか。

津田：そういうことになってきます。

大谷：なるほど。

津田：で，相手は微笑んでくれているのに，こっちにはそれが見えていない，みたいなことが起こってしまう。

大谷：う～む。

津田：で，そこにはやっぱりこちら側の，特にセラピストとしての場合とくに重要になると思うんですけど，自分がこれまで解決していない問題があったりするとですね，それがやっぱ邪魔してくるってことが。

大谷：色メガネになるということですね。

津田：はい，あるんですね。**一種の逆転移**ということにも絡

んでくるような。

大谷：はい。

津田：そういうことが起こるってことになりますよね。逆にいえば，**逆転移って，こうしたニューロセプションのレベルで生じる再演（enactment）の現象**だとも言えますね。

大谷：なるほど。

津田：見た瞬間，この人苦手そう，みたいな。

大谷：そういった体験はよくありますね。

津田：なんか嫌な思いをした人とね，風貌が似ていたりすると，それだけで引いてしまうみたいな。

大谷：わかります。

津田：そういうことが紛れ込んできちゃうんですよね。

大谷：うん，なるほど。

津田：そうそう。だからこれは，ピーター・ラヴィーンなんかがよく付け加えているんですけれども，例えば，自分は気がつかずに相手を前にしたときに緊張しているとしますよね。

大谷：はい。

津田：すると筋肉に，例えば腕だったりに，緊張感がある。その緊張感を知らずに自分で拾っているわけですよね。

大谷：ふむふむ。

津田：そうするとね。自分が緊張しているくせに，こいつは俺にケンカを売っているんじゃないかみたいに思ってしまうと。

大谷：なるほど～。

津田：一種のまあ，**投影が起こる**わけですね。分析的な言い方をすると。

大谷：わかります。

津田：自分が緊張しているだけなのに相手のせいにしている。

そんな風に投影して見てしまうってことが，やっぱり起こったりするわけですよね。

　大谷：つまり自分の誤反応を相手に押しつける。投影してしまうわけですね。

　津田：そうですそうです。そういうことでね，だからセラピストも，いくらでもこういう誤作動が起こりうるっていうことがあるんで，これを乗り越えるには，最終的にやっぱりもう，自分のワークをちゃんとしていくというか，未解決の問題を残していかないってことも，すごく大事になってくると思うんですね。

セルフコンパッションとしての「ブレンド」

　大谷：そういうときに何かお勧めの作戦とか，テクニックとか，なんかお考えはありますか。

　津田：作戦っていうほど，構えてやっていることはないんですけど，まず普段からやっぱり，自分のワークって，すごくしていく必要があると思うんですよね。

　大谷：なるほど，はい。

　津田：まあ精神分析的に言えば，教育分析みたいなことになるかもしれませんけど。

　大谷：全く同感です。私も絶対にとは言わないけども，もしできるのであれば教育分析は受けた方がいいと勧めています。先生もそういう風にお考えなのですね。

　津田：はい，それはやっぱりすごく大事で。特にそこでの気づきが**身体レベルで実感されている**ってことがすごく大事だと思うんですね。

大谷：なるほど。単なる概念であってはならない。

津田：そう，例えば，今のように「こいつケンカ売っているな」と思っているときは，要するに自分が緊張してて，交感神経過剰になっているわけじゃないですか。

大谷：そうですね。

津田：その，交感神経過剰を自分が見えていないってことなんですよね，結局。

大谷：はい。

津田：交感神経は悪者じゃなくて，必要なときは必要なんですけれども，必要じゃないときに出てくると困るわけですよね，こういう風に。

大谷：仰るとおりです。

津田：うん。

大谷：相手によってはそれが出やすい人もいる。なるほど。

津田：はい。ただこれもやっぱり，過去の体験によってだいぶ差が出てくると思うんですけれども。

大谷：確かに。

津田：そういう自分の交感神経を，どのくらいちゃんと**自分で「許せている」**かってことは，すごく大きいと思うんですよ。

大谷：「許せる」ということが肝心になる。

津田：いわば，交感神経と腹側的に共にいる，みたいな感じですよね。

大谷：なるほど，なるほど。許せる。

津田：うん，あの，自分のワークするって，そういうことだと思うんです。交感神経で例えば，「すぐ怒りが出て困っているんです」っていう傾向があるとしたときに，じゃあどうなっ

ていけばいいのかっていうと，自分の交感神経と共にいられるってことがね，すごく大事だと思うんです。

大谷：そうですね。共にいられるという感じは消すことができませんからね。

津田：うん。で，その交感神経に乗っとられて巻き込まれてしまったら，もう話になんなくなって，「こいつケンカ売ってんのか」みたいになっちゃうわけですよね。

大谷：こう考えると，マインドフルネスの役割は大切だと感じられますか？

津田：うん，近いものが出てくると思うんですね。ここで。

大谷：わかります。

津田：うん。それから，いま僕，「許す」って言葉をあえて使いましたけど，自分っていう存在，交感神経を持っている自分っていう存在に対する**セルフコンパッションですよね**，これ。

大谷：全く同感です！　はい。

津田：そうとも言えますよね。

大谷：そうですね。自分をいかに受け入れるか。これは自分を優しく見つめるということですかね。

津田：そうですね，そうですね。

大谷：うん。

津田：で，ポージェスも，ニューロセプションを提唱した一番初期の頃は，目の前の相手のトリガーを見るってことが大事なんだって言っていたんだけど，ある時期からですね，それともう1つ，自分の内臓感覚をトリガーにして，その総合評価でやっているんだと言うようになるんですね［Porges 2011, pp.57-9, 273-4：津田 2019, p.265］。

大谷：理論として深まったわけですね。相手だけじゃなくて，

自分自身のなかにあることを見つめなさいと言った。

　津田：そうです。相手も見て，自分も見てということですね。そうなるとね。

　大谷：はい。

　津田：もう，この辺になると，エリクソンの観察と同じことになってくるわけですよ。

　大谷：そしてロジャーズも言っていますよね。自己の内面を見つめる。自己一致（congruence）はまさにこれですよね。

　津田：そういうことです，そういうことです。まさにここにあると思うんですよね。

　で，エリクソンだったら要するに一言で言ったら，ニューロセプションをユーティライズしているのが観察だというふうに言えると思うんですよ，僕は。

　大谷：ユーティライゼーション。

　津田：はい。**ニューロセプションのユーティライゼーション（利用）が観察**だなと。

　大谷：有効ですね，本当そうですね。

　津田：はいはい。ユーティライゼーションなんです。ニューロセプションは誰でもやっているし，動物でもやっている。だけど我々，それを意識できないわけですよね。

　大谷：なるほど。

　津田：意識できないそれを，どう利用するかってことなんだと思うんですよ，観察っていうのはね。それが，エリクソンが上手だったってことなのかなと思うんですね。

　大谷：スキルと呼んでしまうと語弊があるかもしれませんけど，これを訓練して鍛えることは極めて重要です。

　津田：はい。そして，さっきも大谷先生に触発されて思わず

口をついて出ましたけど，エリクソンからはっきりわかるのは，それ自体が愛情表現なんだってことですよね。観察が愛情表現なんですよね。

大谷：本当そうですね。観察がセラピーにおける愛情表現になる。言語的には全く異なる概念ですが，治療関係に当てはめて考えるとまさにその通りだと理解できますね。

津田：ええ，なんかそこらへんがね，大事かなと思って。だから，作戦というのとちょっとちがう感じが。

大谷：ストラテジーと表現すると意味がちがってしまいますね。言葉の選択を間違えましたけど，そうですね。

津田：いえいえ，間違いとかそういう意味じゃなくて……。ただその辺りに近い心境でいたいなっていうのはありますね。

大谷：あります。

津田：**愛情表現としての観察でしっかり，その人のリソースと一緒にいる**っていうことがね，できたらいいなとは思っていますね，わたし。

大谷：そして，それを自分自身にも向けるってことが大切になる。

津田：そうですね。特に自分の交感神経，自分の背側迷走神経にね。

大谷：なるほど。

津田：それらとも腹側的に共にいられるってこと，**これが要するにポージェスがいう「ブレンド」ってことだと思うんです**よ。

大谷：わかりました。

津田：交感神経と腹側のブレンドでいる。あるいは背側と腹側のブレンドでいる。そういう形で，交感や背側とも一緒にい

られるってことですね。そしてそれは，交感や背側に対するセルフコンパッションですね。

大谷：講義のなかで仰っておられたことをこうして説明して頂いてはっきりわかりました。ありがとうございます。

津田：そこはやっぱり，ポージェスからすごく学べるところかと思うんですね。「ブレンド」の議論って，必ずしもポリヴェーガルの紹介として，十分広がっていないみたいですけど。今この国で，ポリヴェーガルを「紹介」する人はものすごく多くなったけど，ここを紹介している人は意外にいらっしゃらない。そもそもポージェスの書いたものにちゃんと当たったうえでポリヴェーガルを紹介している人が，この国ではほとんどいないのが実情ですからね，無理もないですけど。

大谷：これを初めて読んだときは背側と腹側がどう混合できるのか。矛盾が嚙み合って滅茶苦茶になってしまうのではと思ったのですが，この両方があってこそ自分をもう少し深く見れることになるわけですね。

津田：そういうことですね。深く見れるという。

大谷：なるほど。

愛とあそび

津田：ところで，交感神経と腹側のブレンドは，ポージェスは「あそび」（play）ということで説明します〔Porges 2011, 2017；津田 2019, 2022〕。

大谷：はい。

津田：まあ，どんな動物もあそびが好きで，取っ組み合いあそびしていますね。取っ組み合いあそびと本気のケンカは，何

がちがうかってことを考えていたときにやっぱり，その意味がすごくみえてくるんですね。

大谷：そうでしょうね。意味が深いですね。

津田：はい。

大谷：先生はポージェスが愛についても説明していると仰っておられますね。

津田：そう，もうズバリ，「ラブ」っていうタイトルの論文を書いていますからね，ポージェスは［Porges 1998；Porges 2011, 2017；津田 2019, 2022］。

大谷：ああ，そうですか。「ラブ」という論文があるのですか。へえ〜。

津田：ええ，あの論文で，初めて背側と腹側のブレンドを打ち出したんですね。

大谷：ぜひ探してみます。ありがとうございます。先生の講義を聞いて，もしブレーキと安全が同時に両方機能したらどうなるだろうと考えたりしたのですが，ブレンドという複雑な現象が起こるのですね。

津田：そうですね。言ってみれば，安全だからこそ不動になるってことになるんですね，その場合。

大谷：安全だから不動になる。なるほど！

津田：はい。恐怖で不動になるってのがね，それまでの話だったと思うんですけど。

大谷：これで「揺れてもぶれない」ということが理解できる。

津田：ということにもなってきますね。

大谷：なってきますね，なるほど。

津田：「揺れても」ってのは要するにある意味では，交感神経にも背側にもいけるってことで，だけれども，**どっちに揺れ**

ても軸はぶれないってことですよね。

　大谷：その軸にいることが大切だ。

　津田：そう。で，そこでいると，例えば交感神経でも，それこそギンギンになっているクライエントがいらしたとして，どうするかっていうと，こっちも交感神経になっちゃったら，ケンカになるだけで，元も子もない。

　大谷：その通りですね。

　津田：かと言って，背側になっちゃったら，やっぱり今度は受動的になって。

　大谷：全然，何もできない。そこでバランスを取ることになる。

　津田：はい，そうですね。じゃあ，ただ腹側でいればいいかというと，そんなの苦しんでいるクライエントにしてみれば，とうてい向き合ってもらっている気はしないでしょう。「何もわかっちゃいないオメデタイ先生」ぐらいにしか見えないかもしれない。なので，できればクライエントが交感でくるならこっちも少し交感で合わせ，クライエントが背側でくるならこっちも少し背側で合わせ，それでいてどっちの場合も腹側の軸をぶらさないっていう形でいられるのがやっぱり一番いいんじゃないかと思うんですよ。

　大谷：これをエリクソン的に表現すると，相手のリソースを上手に使うということになる。

　津田：そうですそうです。

　大谷：わかります。

　津田：交感神経だけになっちゃうと，一緒になってグチャグチャになっちゃうし，背側だけになっちゃうと，一緒に沼にはまってバーンアウトしちゃうかもしれないし，単なる腹側でも

かえって溝は深まるかもしれないし，っていうわけで，すごく大事なんです，このブレンドって。

大谷：マインドフルネス，厳密には仏教瞑想の視点からは「捨」（ウペッカー：Upekkhā）に当たります。

津田：はい。

大谷：これは自分のなかによい考え，悪い考え，快適な感情，不快な感情など何があっても，それに捉われない。考えや感情はそのままにしておいて，適切な距離を置く。肯定も否定もせず，ありのままにしておいて捉われないスタンスです。そういった概念に近いと考えてよろしいでしょうか。

津田：近いような気がしますね。ただ腹側の方は，より無意識のプロセスということになるかとは思うんですけど，近いんじゃないかなと思いますね。

大谷：なるほど。わかりました。

津田：あるいは，ここでも腹側は，ウペッカーの必要条件であって，必要十分条件ではないという構図になるのかもしれませんね。あるいはまた，腹側の意識的な表現がウペッカーであり，ウペッカーの無意識的な表現が腹側であるとか。

大谷：なるほどね。

津田：はい。そんな感じになるかと思います。

西洋的要素と東洋的要素

大谷：このように考えると，先日先生と個人的にもお話ししましたが，ポージェスの考えには東洋的な見方が入ってきたという風に理解してよろしいのでしょうか。

津田：なんかね，そういう匂いを，ところどころに感じます

よね。

大谷：やっぱりそうですか。

津田：特にこの腹側の概念っていうのがね。

大谷：はい。

津田：西洋的な二元論みたいなものとちがうところを，言おうとしている感じがするんですよ。

大谷：なるほどね。

津田：あの，特に西洋近代の考えって，やっぱり，能動／受動になっていってですね，大体が。

大谷：西洋の考え方は二者択一，つまり１つのみ可能であって，２つは同時にありえないというパラダイムです。

津田：はい。排中律とか言いましたっけね。すると，そのどっちかが，どっちかに，何らかの一方的な作用を及ぼすっていうことになる。治療者／患者関係の一般的なイメージもそうですよね。治療者は治す人，患者は治してもらう人。

大谷：まさにその通りですね。

津田：そういう考え方が西洋近代の主流で，もちろんこれがいい面も持ったわけなんですけど，これが限界に来ている面もいろいろあるわけですよね。

大谷：ありますね。

津田：はい。するとそのときに，腹側ってのは，その図式に乗らないところを言っている感じがするんですよ。

大谷：やっぱり，そうなんだ。さっき東洋的という言葉を使いましたけど，腹側にはそういったことが多く含まれている。こう考えていいわけですね。

津田：どうもね，そんな感じなんですよね。現に腹側って，能動でもないし受動でもないですよね。

大谷：これが軸であるということですね。ある意味で。

津田：はいはい。言ってみればだから，どっちもないし，どっちもあるみたいな感じの。

大谷：どっちもある。なるほど。

津田：はい。まあ今，日本のね，哲学界では流行の言葉になりましたけど，「**中動的**」ということがよく言われる。

大谷：へぇ，そうですか，中動的って言葉があるのですか。初耳です。

津田：はいはい。元々は「中動態」という文法用語ですね。英語だと"middle voice"になりますね。これ面白いんです。バンヴェニストという言語学者が明らかにしたんですが[Benvenist 1966=1983]，世界中の言語をいろいろ調べてみるとですね，むしろ近代以降の欧米の言語の使い方って，すごい特殊なんですね。能動態／受動態っていう対になっている。

大谷：そう，ありますね。英語の文法の授業で必ず習いますね。

津田：これ自体が特殊で，近代西洋にしかないものなんですね，実は。

大谷：そうなんですか！

津田：はい。西洋でも近代以前は，そんなことがなくって，いわゆる中動態と言われているものが例えば，ギリシャ語でもラテン語でもあるわけですよ。

大谷：そもそも中動的というのはどういう概念なんですか。

津田：自動詞と再帰動詞を合わせたような感じですかね。受動態も元はといえば，中動態から後に分離独立したものです。能動態が強まるのに対応して。でも日本語には，近代以降になっても，中動態がわりかしあるわけでね。

大谷：はい。

津田：例えば，能動／受動だったら「私が見る」。

大谷：はい。

津田：で，相手は「見られる」っていう風になるわけじゃないですか。

大谷：見る側と見られる側に分別される。はい。

津田：まさに二元になっていますよね。で，中動態になるとどうなるかというとですね，例えば「私には見える」って言い方がありますよね。

大谷：「見える」。日本語では普通の表現ですね。

津田：「見える」。「私にはあなたが見える」。そしてこれ，主語を使わないです。「私には」であって「私は」でない。主語のようで主語じゃない。主語みたいな形をしているのは，「あなたが」の方ですが，「あなた」も主語じゃない。むしろ「見える」対象です。

大谷：「私には」であって「私は」ではない。なるほど，そうなりますね。

津田：うん。で，「見える」ってのはだから，私と相手が**出会ったその場のなかで**起こっていることですよね。

大谷：すなわち関係性のなかで起こっている。

津田：そうですね。で，能動／受動だと「私」っていう<u>実体がまずあって</u>，「見る」っていう行動がそこから外へ，相手の方へ出ていくわけじゃないですか。

大谷：「見える」は確かに主体と客体を超えていますね。「私には見える」と言うと。なるほど。

津田：「見える」ってのは，その「見える」っていう<u>働きがまずあって</u>，その働きが，私よりも相手よりも先に，起こっ

ちゃっているんですね。

大谷：はい。

津田：うん，その「見える」というプロセスのなかに，こっち側と向こう側の2つの項として，「私」と「あなた」があるだけです。この両者が共同作業して「見える」という働きを生み出しているともいえる。かといって「われわれ」っていう実体が成立しているわけでもない。

大谷：うん。

津田：面白いことに，こういう言葉が世界中，実は元々多いんですね。

大谷：今，先生の説明をお聞きして，エリクソンは私は援助する立場，あなたは援助を受ける立場という二元性ではなく，中動的な関係性に立ち治療を施した。これが患者に伝わっていたと理解できます。

津田：じゃないかと思いますね。

大谷：なるほど。

津田：はい。そうなんですね，その辺はだから，エリクソンは WASP でないので，それを合わせて考えると……。

大谷：ありましたね（笑）。

津田：いわゆる WASP ではないですよね。特にエリクソンのお母さんは，ネイティブ・アメリカンですよね。

大谷：はい，そうですね，アメリカ先住民の血が入っているとお聞きしました。はい。

津田：はいはい。そのようですよね。

大谷：なるほどね。

津田：この辺は，ロジャーズなんかは典型的な WASP だと思いますけれどもね。ご両親も謹厳なプロテスタント農民で

ね。彼自身も，農学部に進学し，牧師をめざしたあたりまでは
その延長上だったのでしょうが，ただ疑問を感じて心理士をめ
ざすなかで，そこから身を引き離していった。かつその途上
で，オットー・ランクの影響っていうのがすごく大きくあった
[Kramer 1995]。

大谷：ありますね。(ロジャーズが) 日本に来たとき，禅に
興味を示したと聞いています。もう一人西洋の治療家で東洋的
なアプローチ，特に森田療法に関心を持っていたのはカレン・
ホーナイでした。悲しいかな，彼女は帰国後まもなく亡くなっ
たので分析理論からの考察には至りませんでした。時代に先駆
けて東洋的パラダイムに目を向けた理論家がいたにもかかわら
ず，西洋に伝達されなかったのは残念です。

津田：ホント，そうですよねえ。ただ，若い頃にホーナイに
教育分析を受けたフリッツ・パールズなどは，大徳寺で参禅す
るまでに至りました。彼の場合，禅に「神を必要としない宗教
の可能性」を期待した (けど裏切られた) んでしたが。で，ロ
ジャーズに話を戻すと，特に晩年やっぱり，奥様を亡くされて
からはすごくある種スピリチュアルな方へ向いていきますし。
トランスパーソナル的な傾向も見せますよね。

大谷：特に奥様が亡くなられてからですね。

津田：はい。で，ロジャーズへのオットー・ランクの影響っ
て，よく言われると思うんですけど，僕は結構これ大事だと
思っていて，例の「共感的理解」とか「クライエント」ってこ
とは，オットー・ランクですね，最初に言い出したのは。

大谷：それまで，なかったことですよね。

津田：なかった。「患者」という言葉で，エリクソンもやっ
ぱり，「患者」という言葉が多いと思うんですけど。

大谷：彼は医者でしたから，やはり〈患者〉であったと思います。とは言え，治療を施す対象として尊敬していたことは確かです。クライエントと呼ぶか，患者と呼ぶかに関わらず，二人とも共感を示しました。

津田：それは，あります。

大谷：ありますね。

津田：はい。で，セラピーで共感が大事なんだとか，今までのセラピーはセラピスト中心に回っているけど，クライエント中心でなければいけないんだって言い出したのは，オットー・ランクですね［Kramer 1995］。

大谷：なるほど。

津田：うん。そしておそらくこの影には，フェレンツィの「共感」的な精神分析があるんじゃないかとも言われていますね。

大谷：どうやらフロイトの（弟子の）正当ではない人たちがそっと裏から入ってきた，という感じがありますね。

津田：はい。フロイト主義は1980年にDSM−Ⅲで凋落したわけですが，まさにそれ以降の，私に言わせれば「トラウマの時代」［津田 2019, pp.18-9］において，そのフロイトの正当でない弟子たち，いわゆる「恐るべき子どもたち」の提起していた論点が，改めて意義を深めつつある気配を感じます。

（ゲオルグ・グロデック〜フランツ・アレクサンダーを源流とする）心身医学も，（ヴィルヘルム・ライヒ〜フリッツ・パールズを源流とする）ソマティックな心理療法も，その落とし子と言えないでしょうか。なかでも，グロデックの畏友であり，アレクサンダーの師であり，ライヒの友でもあり，パールズの"ゲシュタルト療法の祖父"［Ginger 2004］ともいわれる

フェレンツィは，ハンガリー学派ってことで，ブダペストの……。

大谷：ああ，そうですか。やはり東洋的だった。

津田：ということですよね。

大谷：そうか。

津田：はい。ハンガリーっていう国は，ヨーロッパでは珍しく，（アジアから侵入した）マジャール人が作った国ですね。

大谷：ハンガリーの白人の赤ん坊には蒙古斑が出ると聞いています。

津田：そうですね。肌の色もね，そんなに白人白人していなくて，黄色人種みたいな方，多いですね。そして名前の呼び方も，日本人など東アジア圏と同じく，姓 - 名の順番です。フェレンツィはヨーロッパでは，サンドール・フェレンツィですけど，故国ハンガリーではフェレンツィ・シャーンドルですね。

大谷：こう考えると最近の瞑想ブームは東洋的なことに対する憧れが反映されているとも考えられます。善か悪か，クライエントかセラピストか，という西洋的な見方ではなく，先ほど話題に上がった関係性に目を向ける方に向いてきたのかなと感じることがあります。先生もそうお感じになることがありますか。

ポリヴェーガル流行の深層

津田：すごく感じます。だからその辺がね，先生のおっしゃられた東洋的なものとの親近性と言いますかね，それにも関係しているような気がするんですね。そして，日本でここまでポリヴェーガルが大流行なのも，ひょっとしたらその辺がどこか

響いているんではないかと。

　大谷：ああ，やはりそう思われる。

　津田：思いますね。**日本的な考え方に何か訴えるものがあるんではないかと**。腹側の考え方ってのがね。

　大谷：肌に合うっていう感じですか。

　津田：そうですね。まあ私なぞは，**そうであるがゆえに危うさもちょっとある**かなと思っていて，それはつまり，日本的な集団主義にね，呑み込まれた理解に終わってしまいやすいんではないかということですね。

　大谷：具体的にどういう風なことを懸念なさるのですか。

　津田：例えばですね。まあ，コロナのときもそうでしたけど，同調圧力の問題ってのは，日本でよく出てくるわけですよね。

　大谷：はい。

　津田：ピア・プレッシャーですね，いわゆる。

　大谷：はい。

　津田：そこで例えば，この同調圧力の弊害ってのを，ポリヴェーガルだとどう説明できるかなっていう問いを立てることができると思うんです。

　大谷：というと，どのように説明できるのでしょうか。

　津田：はい，これ，簡単じゃないだろうなと思います。現段階までのポリヴェーガルの枠組で言うとですね。

　大谷：ぜひ教えてください。

社会的関わりの 3 つの水準

　津田：というのは，やっぱりポージェスの「社会的関わり」っていう概念は，ある意味で，友好的な関係が大前提に

なっているので。

大谷：はい。

津田：だけど同調圧力っていうのは，あくまで「同じだから
つながる」んで，だからこそ同時に，「ちがう奴は排除する」っ
ていうのが背中合わせになっている。（内集団では）友好的な
関係が，そのまま（外集団に対しては）敵対的な関係でもある
ジレンマを孕んだ社会性です［津田 2019, pp.204, 329-30, 529-30]。

大谷：ああ，それはありますね。

津田：はい。

大谷：確かに。

津田：そうなんです。が，この危うさに，ちょっと，切り込
む概念装置をまだ持っていない感じがするんですね。友好的な
関係がそのまま同時に敵対的な関係になるような社会性をどう
説明するのかと。

大谷：私と他人。我らと彼ら。

津田：そうです。

大谷：身内ではない〈ヨソモノ〉という感じと受け取ってい
いでしょうか。

津田：その通りです。そのことが持っている問題性をどう乗
り越えられるかっていうことが出てくると思うんですよ。

大谷：それを乗り越えられるか。

津田：ある意味，ミウチの目だけでみればよいことなんです
ね。みんな同じだよね〜って言って，みんな仲良く，ウチワケ
ケができちゃうんだけど，でもそれってのは，ちがう奴は外に
排除しているっていうことでもある。ヨソモノだって言って蔑
んでね。でもミウチでも，みんなとちがうことしたらヨソモノ
なんだ。私たちの実にありふれた日常です。それがコロナ下で

は露呈した。でもその究極は，戦争のときってことになりますよね。「一億一心」，「挙国一致」とか言って。

大谷：敵か味方かですね。

津田：この前の戦争のときの日本なんか，まさにそうで。

大谷：そうでしたね。

津田：「挙国一致」で国内まとまって，「鬼畜米英」をやっつけろ！とかってなるわけじゃないですか。中国相手だともっと下に見て，「暴支膺懲」ですもんね。しかもそんなスローガンを，国じゅうが歓呼して舞い上がってしまった。そうした「戦争体験」は語り継がれないのです。

大谷：そういう危険性をどうすれば克服できるのか。これについて考えるところを是非執筆してください。

津田：はい。その辺やっぱり，まあ私，元々社会学・社会心理学から入ってきている人だから，余計気になるんですけどね。このあたりは。

大谷：はい。

津田：そうなんです。同じく社会性って言っても，やっぱりそのつながり方にいろんなレベルがあると思うんですよ。

大谷：はい。

津田：僕よく言うのは，そういう「同じだからつながる」っていうだけがつながりじゃなくてね。例えば，欧米なんかはもう少し，「ちがうけどつながる」ってことに対して開かれていると思うんですよ。

大谷：アメリカでは（自分と）ちがう方とつながりなさい，とよく言われます。

津田：はい，そう言われますよね。「同じだから」だけじゃなく，「ちがうけど」つながる。ちがってても，ヨソモノとし

て放逐されない。

大谷：はい。

津田：ただそのうえでなお，「ちがう<u>けど</u>つながる」っていうのもまだ，「ちがい」に対しては消極的で，「けど」って言うんだから，本当は「ちがわない」ことを求めている。でもこれからは，恐らく私たち人類，この地球上でですね，「ちがう<u>からこそ</u>つながる」っていうのが出てこないと，多分もううまくいかないんじゃないかと思うんですよ。人類きっと，この先。

大谷：そうでしょうね。なるほど。

津田：はい。だとすると，ここまで見ただけでも，**社会的なつながりには 3 つレベルがあるわけじゃないですか。「同じだからつながる」のか，「ちがうけどつながる」のか，「ちがうからつながる」のか** ［津田 2023b, pp.50-1］。そして「ちがうからつながる」のは，「つながるからちがう」ともいえる。そのときはじめて自己実現になる。

大谷：「ちがう**から**つながる」か，「ちがう**けど**つながる」か。この 2 つには微妙だけれど，意味合いには大きなちがいがありますね。

津田：はい。さすがは大谷先生，よくわかってくださいます。だから，この辺もっと細かくしていく必要はないかなって思っているんですね。ポリヴェーガル理論の今後の課題の 1 つとしてね。さもないと，日本的なウチワワケを腹側の安全感と錯覚したまま，刹那の流行で終わってしまいかねない。

大谷：是非，文章になさってください。読むの楽しみにします！

津田：はい。ありがとうございます。この辺もね，もっとキメ細かくなってくると，よりポリヴェーガルってのは説明力を

持ってくるんじゃないかと思います。

　大谷：確かに持っています。

質疑応答

　司会：先生方，時間もよいところに来ましたので，事前に頂いたご質問の回答をお願いします。その後，チャットにもいくつかご質問が来ておりますので，そちらへの回答もお願いします。

　津田：はい。わかりました。

　大谷：お願いいたします。本当に素晴らしい機会，ありがとうございます。あっという間に時間が過ぎました。申し訳ございません。つい没頭してしまいました。

　津田：すいません。大谷先生がうまく引き出してくださったこともあって，なんか果てしなく喋ってしまいました。

　司会：やはり2時間では足りないですね。凄い対談です。

　大谷先生，僕の方から1つだけ質問よろしいですか？　**アメリカの臨床催眠学会でポージェスを招聘されたというお話をお聞きして，そこでどのようなお話をされたかというのを少しでも構いませんので，是非教えてください。**皆さんもご興味あることなんじゃないかなと思います。

　大谷：ポージェスさんは「臨床系の聴衆にポリヴェーガル理論を語るのは苦手なので，そちらから質問してください。それに答える形式がやりやすい」と前もって仰られておりました。それで質疑応答の形になったのですが，質問はポリヴェーガル理論の全体概念，とりわけ安全感の構築に積極的なやりとりになりました。正直なところ基本レベルで，今日の津田先生との

対談の方がはるかに内容が深いです。

　津田：ああ，そうなんですかぁ……。

　大谷：はい。安心と安全感についての基本的な説明でした。ポージェスさんは催眠には全くの素人で，単なる治療法の１つとしてみなしておられ，津田先生のようにエリクソンの話題とかは全然出ずでした。催眠における基本的なペーシング，つまり相手の示した行動をつぶさに観察して，暗示をそれに合わせるということの意義や精神療法全般における安全感の大切さが中心になっていたように思います。

　プラス，この安心と安全感が単に治療者とクライエントの間だけじゃなく，日常生活全般にそれをどう反映させるのかということも話題に上ったと覚えています。催眠だけじゃなく，心理治療一般に応用することを強調されたというのが私の印象です。

　今日の話題で論じたリソースの話も出ませんでした。彼は神経生理畑出身の方で，臨床はしないとはっきり公言しておられます。こういったことから一般論としての安全感の重要性につながったのでしょう。誤解のないように明記しますが，これが悪かったと言っているのではありません。催眠独自におけるポリヴェーガル理論の使い方には言及されなかったということです。

　基調講演でしたが質問に答える形式で背側と腹側の迷走神経複合体，交感神経の機能，社会的関わり，ニューロセプション，安全空間など，基本的なことをわかりやすく話されたという印象です。お答えになっていますでしょうか。

　司会：ありがとうございます。

　大谷：はい。

　司会：では，事前に頂いたご質問に移っていきたいと思います。まず，津田先生への質問です。読み上げていきたいと思い

ます。

　トランス状態のなかでの観察によって，見えてくるものを拾い上げるには，セラピスト側に何が必要でしょうか。セラピスト側にニューロセプションの誤りや未熟さがあれば，観察は濁ってしまうように思います。傷ついたヒーラーがクライエントを自ら治療してしまうことなく，クライエントの回復に寄与をするためには，何が必要でしょうか。これは，先ほどのお話にも重なってきますね。

　津田：そうですね，さっきと重なることになるかと思いますし，これ，おそらく，ご自身がもう，答えをちゃんと知っておられるんじゃないかと。

　司会：そうですよね。

　津田：はい。エリクソンがまさにですね，「私たちは自分が知っているということを知らないんだ」ってことをよく言いましたけど。

　司会：ああ，なるほど。

　大谷：含みのある言葉ですね。

　津田：そうなんですね。「自分が知っていることを知らない」，まさにそれが知れるようになることが，1つの治療だってエリクソンは言うんですけど。

　今のご質問の内容からすると，要するに，ニューロセプションの誤りや未熟さがなければいいけれど，それが起こっちゃうってことで，じゃあ，何で起こるかっていうと，「傷ついたセラピスト」っていうわけですから，もう答えはズバリ，さっき申し上げたように，セラピストが腹側にいれることが大事になってくるわけですよね。

　ここでセラピストが腹側にいれるというとき，2つの局面が

あることを確認しておきましょう。第1にセラピーに入る以前にすでに，概ねの状態として腹側にいれているということ。第2に多分もっと大事なのは，セラピーのプロセスのなかで，クライエントとの実際のやりとりを通して，自在に腹側になっていけること。

ただいずれにおいても，まずは普段から自分のワークをちゃんとやっていることが，すごく大事になってくると思います。「傷ついたセラピスト」のまんまでやってしまうと，誤作動がいくらでも起こりうることになるかと思いますね。

あと，トランス状態のことを仰っていますね。これさっき，少し申し上げたように，エリクソン的に言うとですね，トランス状態っていうのは，単にその人が個人として意識変容するというより，双方の関係性こそが生み出すんだという意味にとった方がいいと思うんですね。とするともう，まさにポリヴェーガル的に言うと安全な社会的関わりっていうか，要するに腹側にいれている状態になるっていうことになる。

大谷：ふむふむ。

津田：そんな風にね，考えて頂きたいんですね。トランス状態というと，なんかちょっと特殊な感じがするかもしれないですけど，そうでないところにね，エリクソンは持ってきたところが大事だと思うんです。

で，腹側にいれれば，さっき申し上げたように，腹側と背側のブレンドにいれたり，腹側と交感のブレンドにいれたりって，自在にそこにいることで「揺れる」ことができるんですね。しかも，ちゃんと「ブレずに」軸を持っているってことになります。そうやって自分の背側や交感とも一緒に腹側的にいれるっていう，これがまさにブレンドなんです。ブレンドで，ブレん

ぞって（笑）。

　この感じをやっぱりね，自分のワークをいっぱいやってですね，まさに**身体丸ごとで体験して，実感として掴んで頂ける**といいなって思いますね。そうなってくると，こういうことってのが，少なくなってくるんじゃないかなって思います。

　司会：ありがとうございます。では，次ですね。これは大谷先生にも伺いたいのですが，**関係性をつくるのが難しかったり，問題行動の激しい困難な事例では，エリクソンのようにクライエントのありのままを尊重するのは難しいと思います。セラピストの腹側の機能の維持も難しくなるような場面も多々あります。そういう事例で，クライエントのありのままを受容しながら進めていくよい方法があるでしょうか？**

　津田：はい。もちろんね，これは難しいことだとは思うんですね，こういう場合っていうのは。ただですね，そのまさに難しいケースだからこそ，さっき言った，エリクソンのヘンテコなトリッキーな治療の課題ってのが出てくるわけですよね。そのことを忘れてはいけないかなと思います。そういうときにこそ，まさにエリクソンは，そういうやり方をしていたんですね。

　で，何でじゃあ，そんなヘンテコなトリッキーなことになるかと言うとですね。まあ，これを解明するのにさっき申し上げたように僕は，何年もかけちゃったわけなんですけど，結局ですね，クライエントの問題行動以外のポジティブなリソース，それからニュートラルなリソース，そして問題行動自体も一種のネガティブなリソースっていう風に見て，そこに籠っている力とかですね，いろんな可能性，それからそこに籠っている本当の思い，願いみたいなものとか，そういったものをすべて組み合わせて，全部動員しているわけですよね。そうすることで

その結果，一見するとトリッキーなヘンテコな課題っていう風になっちゃっているっていうことなんですよね。

とすれば要するに，問題行動のその問題の面だけに目を奪われないってことが大事かと思うんですよ。それがクライエントのありのままなんだってこと。**問題行動だけがありのままだと思ってしまうと，やっぱりうまくいかないと思います。**問題行動自体ももちろん，ありのままの1つではあるけれども，それを取り巻くいろんな要素がその方にはあるのでね，どんなに問題行動が目についたとしてもですね，それだけがありのままじゃないんだということですよね。そこがやっぱり，大事になってくると思いますね。

で，もしおっしゃるようにですね，腹側の機能の維持が難しいっていうんだとすれば，それって残念ながらセラピストが交感か背側かになってしまっているってことになりますね。

大谷：（笑）。

津田：つまり，そのクライエントの問題行動に対して，こっちはもう防衛反応になっちゃっているということになりますよね。要するに問題行動のその問題の面だけに囚われて，それだけがありのままっていう風に，もう視野が狭くなってしまっている。そのためにこっちも防衛反応だけになっちゃっているんで，残念ながら結局，クライエントのありのまま，本当のその人の全体は見れなくなっちゃっている。やっぱ，そこのリソースの見方ってのは，すごく大事になるかなってね，まさにこういうときにこそ思いますね。

司会：ありがとうございます。では，大谷先生の方からもお願いします。

大谷：私も今，先生の解説を聞いて，あぁ津田先生も同じ考

えをお持ちだと思いました。

　私はクライエントの問題行動を見立てるときに，この問題がクライエントにとってどのような意味を持つのか，さらに〈役立っている〉のかについて探求します。クライエントを悩ませる問題が〈役立っている〉というのは一見矛盾するように思えるかもしれません。しかし，いや正確にはクライエントの悩みとなっているからこそ，「問題だとおっしゃっているけども，何かポジティブな面もあるんじゃないですか」と尋ねるのです。

　例えばリストカットをするクライエントに，「リストカットはやめられないと言われる。それじゃあ，もし次にリストカットしたいと思ったとき，意図的にそれをやらずにいたら，どう感じるでしょうか」と尋ねるのです。

　するとほとんどの場合，「もしリストカットをやらないとイライラ感がつのります。不安が高まります」といった類の返事が返ってきます。「ということは，リストカットにはイライラや不安を抑えるという重要な役割があるのですね」と答える。こうしてクライエントがこれまで考えもしなかった症状の持つ〈肯定面〉を強調してから，「しかし残念なことにマイナス感情をコントロールする解決策のリストカット自体が問題になってしまった。じゃ，もしリストカットせずにイライラや不安を解消できるとしたらどうでしょう」っていう風にもっていきます。

　これはある意味，津田先生のおっしゃる問題行動に含まれているリソースを活用することではないでしょうか。

　もう1つよく用いるのは現在問題となった思考や行動はかつてはそのクライエントにとっての唯一の解決策，つまりソリューションであったことを強調します。これは特にトラウマ環境で育ったクライエントに適切です。例えば非常に厳格な躾

けを受けたクライエントが「自分はちょっとしたことで憂うつ
になる。自責の念が強くて，それがネックになっていることは
自分でもわかっているのだが，どうしてもそれがコントロール
できない」といったようなケースです。

　認知行動療法などではこうした場合，問題の原因を〈不合理
な思考〉と特定し，認知再構成（cognitive restructuring）や
思考中断法（thought stopping）などのテクニックを適用し
ます。しかしよく考えると，かつて厳しい躾けを受けていた当
時のクライエントにとって自責の念が生まれることは決して
〈不合理〉ではない。反対にむしろその状況に整合する〈合理〉
的な反応であったことが理解できます。このポイントを見落と
すと，クライエントは自責の念にかられる**現在の自分を責める**
ことになってしまう。これは逆効果です。

　セラピーを通じて現実に即した，包括的な問題理解を促進さ
せることにより，クライエントは現状での困難，悩みに対する
関わり方を転換させることが可能になります。こうして先ほど
津田先生が話された〈許し〉が生まれます。自責の念が気にな
らなくなるのです。これがポリヴェーガル理論の腹側と重なる
ことは明らかでしょう。

　津田：なるほど。

　司会：ありがとうございます。では，次に行きますね。

　交感神経や背側から腹側に戻れない状態に固着するのはなぜ
なのか。ニューロセプションの誤作動が起きてしまうのはなぜ
なのか。ポリヴェーガル理論では，どんな神経生理学的な説明
がされているのか教えてください。

　津田：はい。その固着ということですが，何でそうなるかっ
て言うとですね，要するにご本人，クライエントご本人のです

ね，その生体（organism）にとってみると，まだ危険が去っていないっていう風に判断されているからってことになりますね。客観的には危険が去っているはずなんだけれども，その当の生体にとっては，危険が去っていないわけですよね。

　これは，それこそトラウマの場合にはよくあってね。PTSDの回避反応なんて，まさにそういうことになってきますが，もうその受傷現場ではないし，加害者ももう今ここにはいないっていう意味で言えば，客観的には安全なはずなんだけど，本人にはとてもそうは思えない。客観的には危険が去っているけど，当の生体にとってはそうでないっていうこのズレがやっぱり，大事になってくると思うんですね。

　ここはすごく大事なところで，今，PTSDの話を出しましたけど，ある意味ではPTSDの診断基準にも関わる大問題かなって思います。いわゆる「出来事基準」の問題にも関わってくる。PTSDかどうかは，今は出来事基準で，客観的なところでしか決められていないですから，誰が見てもやっぱり，死の危険があるとか，重症だとか，性被害とか，客観的に言えるものしか認められないわけですね，今，PTSDの診断って。でも，実際トラウマ反応は，そうじゃなくてもたくさんの人がもう起こっちゃっているわけですね。それは要するに，**周りからみればどんなに些末なことに見えても，その生体にとっては，やっぱり死にも等しいような危険を感じることが起こっている**からです。

　ってことはですよ，このニューロセプションで，危険とか安全とかってのは，客観的に外側から決められるもんじゃないんだってことになります。じゃあ，だったら主観なのかって言うと，主観で意識によって決められるってことですらない。「意識では大丈夫ってわかっているんだけど，身体がダメなんで

す」って話によくなるわけじゃないですか。

大谷：はい，よくあります。

津田：ですよね。主観ですらないんですよ。もう，その1人1人の生体にとって，**文字通り「主体的」**に決められちゃうんです。意識でなく身体，「身体」が「主」という意味で，「主観」でなく「主体」によって決められている。

大谷：はい。

津田：それが危険だとか安全とかっていうことの本当の意味なんですね。で，**身体丸ごとでそう「思っちゃっている」**わけだから，その身体丸ごとで，その危険をもし能動的に乗り越えようって「思う」と，交感神経が活性化することになります。でも能動的には無理，自分では何もできないから，もう何もしないで危険が去るのをひたすら待ち続けようっていう風に受動的に乗り越えようと身体丸ごとで「思う」なら，背側が活性化し続けるっていう，要するにそれだけのことになります。

とすると，どうすればいいかってなると，その本人，その生体にとって，**身体レベルで**危険が本当にないんだって「思える」状況にやっぱりなっていかないと，戻っていかないってことになります。本当の意味で安全感を**身体丸ごと**で感じられるってことが重要になるという，そういうことですね。

大谷：そうですね。

司会：はい，ありがとうございます。では，これが津田先生への最後の質問ですね。

腸内細菌叢と迷走神経の関係について，腸内フローラのメンタルヘルスへの影響などに興味があるので教えてください。腸内細菌叢を整えるために，健康な他人の便を移植する方法があって，うつや ASD が改善するという話も聞きます。そうい

う方法の有効性に迷走神経がどう関わるのか，何か関連することがあれば教えてください。

　津田：はい。いま流行りの，NHK も大好きな，「脳腸相関」というやつですね。

　大谷：へぇー，NHK でですか。

　津田：よく，特集番組やっているみたいですよね，NHK で。

　大谷：全く知りませんでした。

　津田：はい。確かにこれはすごくホットなテーマで，迷走神経の側からみてもですね，「脳腸相関」っていうのは今すごく研究が一番行われているかもしれないホットなテーマになっていますね。

　なぜそうなるかというと，腸にある腸内細菌の情報が，脳との間で密接な関係が持たれているっていうとき，じゃあ，その関係はどうやって持たれているかって言ったら，それをつないでいるのは迷走神経なわけですよ。

　大谷：そうですね。

　津田：腸からの情報をいわゆる，求心性の迷走神経が上に伝えていくことで，それが脳に伝えられるわけですね。だからすごい密接な関係を持っていることになりますね。その証拠に，求心性迷走神経をもし切断してしまうとですね，この腸内細菌の情報ってのはほぼ全くもう脳に伝わらなくなるわけです。

　大谷：なるほど。

　津田：だからこれは，迷走神経あってのことで。もう，そこが一大幹線路になっているわけですね。そこが切れちゃうと，もう腸内フローラのメンタルへの影響とか言ってもですね，一切失われちゃうんですね。ここはすごく今，多くの研究が進んで，たくさんのトピックがひしめいています。

それから，おっしゃられている「便移植」というものもですね，その1つということになってきます。特にASDのお子さんとかでね，この便移植で好転するとかっていうことがいろいろ言われて，日本でも熱心にされているドクターもおられ，私も時々教えを頂いている先生がいらっしゃいます。その先生もやっぱりポリヴェーガルにすごく興味をお持ちということで，ちょっと関わりを持たせて頂いているんですけど。

　というわけで，いろいろお話できることはあるんですけど，ただ今日はこれ「治療関係がセラピーを有効にする」っていうテーマなんでね，ちょっと残念ながらあんまり立ち入るわけにはいかないかなっていうところではあるんですね。

大谷：（爆笑）。

津田：ただですね，じゃあ，治療関係がセラピーを有効にするのと，腸内環境を整えるのがセラピーを有効にするのと，どっちが有効かっていう，そういう問いは立てられるかもしれないですね。

大谷：そしたらね，面白いですね。

津田：はい。これ今後の研究にね，是非されていくといいなっていう風に思います。その点でね，ちょっと余談かもしれないですけど，1つ面白いことがあってですね，ひょっとしたら治療関係が腸内フローラに対してもいい影響を与えるかもしれないという，そう思わせる1つの話題があるんですね。

大谷：そういう研究があるのですか。

津田：ええ，これはですね，えっと，少し僕は強引に結びつけて言うんですけど。チンパンジー研究から上がってきているものがあるんですわ。

　タンザニアにチンパンジーのコミュニティがあるわけですけ

ど，そこで多くの世界中の人たちが研究しているんですが，そこでは雨季と乾季があって，雨季の時期はやっぱりたくさん植物が繁茂してくるので，その時期に採食活動は盛んになってくるんですが，この雨季のときに腸内フローラの多様性がすごく進んで，腸内環境がよくなるってことがわかっているんですね。

で，何で雨季のときによくなるんだろうかっていう研究がされてきて，2016年にですね，その結果が発表されているんですね。雨季になるんで，植物がたくさん出てくるから当然，食物の多様性がすごく出てくるので，そのせいなんじゃないかって，まあ，単純に考えればそういう風に思えるじゃないですか。そこで研究してみたところ，意外なことにですね，その食べ物の多様性と腸内フローラの多様性があまり相関関係がないってことがわかってくるんですよ。

大谷：そうなんですね。

津田：じゃあ，一体何なんだろうっていうことになってくると，どうも，雨季になって，集団でみんなで餌を探しに行ったりとかですね，活動するときだっていう，その集団行動の度合いの方が比例するってことがわかってきたんですね。

大谷：面白いですね。

津田：はい。じゃあ，なんで集団行動のときにそれが上がるんだろうかっていうので，まだちょっと諸説対立がいろいろあるんですけど。とくに，お互い接触する機会があって，腸内細菌も感染するんじゃないかとかですね，いろんな説明があるんですね，今。

大谷：それも結構，素晴らしい仮説ですね。

津田：はい。だけどひょっとしたら，これ接触っていうだけじゃなくてですね，そもそもみんな集団で行動することで腹側

が非常に活性化してきてですね，それが背側をブレンドして腸内環境を整えている可能性も否定できないんじゃないかという風に僕は思うわけですよ。メッチャ妄想ですが……。

大谷：面白いですねぇ。

津田：はい。だからこれも今後の研究をですね，是非待ちたいところなんですけど。ただこれ，残念ながらチンパンジーではこうであって，人間ではどうなのかはもちろんまだ証明されていないです。はい。

大谷：（笑）。

津田：人間は雨季になったからって，集団行動するわけでもないんでね，ええ。また別のことで調べないと。

大谷：そうですねえ〜（笑）。

津田：ただチンパンジーとヒトの近縁性から考えるとね，似たことはあり得るんではないかということからちょっと，妄想を膨らませるとですね。ひょっとしたら，治療関係で腹側が活発になると，腸内フローラも整ってくるんではないかという形でね，有効性を高めてくれているんではないかと考えることもできます。

　というのはですね，SE^{TM}に「voo sound」っていうエクササイズがあって，"voo" って音をね，唇を響かせて，セラピストとクライエントで一緒に音を出すんですが。

大谷：ありますね。

津田：はいはい。するとお腹にもすごく振動が伝わって，それで腸の動きがすごく活発になってきて，同時に安全感も高まってくるんですね。

大谷：ラヴィーンさん，そう言っていますね。

津田：はい。

大谷：覚えています。

津田：で，このときに腸内フローラも何か影響が起こっているんではないかという風に考えることもできます。っていうのは，これをやると，やたらですね，ガスが，おならがたくさん出るようになったりとかいうこともあるので。

大谷：(爆笑)。

津田：うん，だからこの辺はですね，いろいろ多角的に研究する可能性を秘めているかなと僕は思っている。

大谷：なるほど，わかりました。

津田：はい，だからこの先，楽しみかなっていうところですね。

大谷：ありがとうございます。是非文献を探してみます。

津田：はい。お読みになられたら，ぜひ大谷先生のお考えもお聞きしたいです。今いった研究は，メーラーっていう人たちが 2016 年に，チンパンジーの研究として発表しておられます [Moeller et al. 2016]。

大谷：ありがとうございます。

津田：そんなところかな。話せばきりがないですね，この話題は。

司会：そうですね。では次，大谷先生へのご質問ですね。

今回のご講義は，治療関係がテーマとなっていました。関係性構築の観点から先生は，支援者の自己開示については，どのようにお考えでしょうか。

大谷：すでに津田先生から詳しくご説明頂いたように，セラピーでは逆転移の生じる可能性があります。例えばクライエントはセラピストの自分に喧嘩を売っているんじゃないかといった反応です。結局，自分自身の見えない部分が腹側から離れる

ことにつながる可能性があります。

　アメリカの場合，サイコロジストの資格修得には大学院卒業までに 2,000 時間のスーパービジョンが必要とされます。先に話題に上がった教育スーパービジョンも含めた幅広いスーパービジョンを受け，そのプロセスを通じて自分の長所，短所，セラピーでの得手／不得手，弱みといった事柄をスーパーバイザーの援助を受けて見つめます。これはもちろん生涯教育ですが，その基本を身につけることがねらいです。こうしてやっと大学院を卒業して，ライセンスを取得するためにメリーランド州ではさらにもう 2,000 時間のスーパービジョンが課せられています。

　個人セラピーについては私も約 20 数年間，信頼するセラピストから受けました。最初は月に 1 ～ 2 回ぐらいのペースで，後半は月 1 回でした。素晴らしい体験で非常に役立ちました。絶対に必要とは言いませんが，できれば是非やって頂きたいと思います。

　最初の自己開示についてはいろいろな研究があります。基本的にはあくまでもクライエントさんのニーズに合わせ，そしてタイミングを捉えた，セラピストの自己開示の効果が実証されています。

　とりわけクライエントが悩んでいることに関連した，セラピストの経験を自己開示することが奏効します。クライエントは，「あぁ自分だけじゃないんだ。先生にも同じような苦い経験があるんだ」と気づくことになります。これは大きな励みです。津田先生が仰られるように，自分独りではないと頭ではわかっていてもどうもすっきりしない。こうしたときセラピストから，実は私にも同じような体験があるんですよ，と聞くことは安堵

につながります。そして同時にセラピストへの親近感を高めます。先ほど話したロジャーズが直面した苦難や，エリクソンの懸念を知ることによってある種の親密さを覚えるのはこの影響ではないでしょうか。

　ただしセラピストの自画自賛は大の御法度です。「あの先生，また自慢しているわ」など言われるとこれは大問題です。こう考えるとやはり自己開示は慎重に検討して行わねばなりません。

　司会：ありがとうございます。では次の質問ですが，**スキル向上のお話のなかでは，教育 SV や自分自身のセラピーを受ける必要性については，研究されていませんでした。その点，どのようにお考えでしょうか。**

　大谷：あいにく日本の状況には疎いので詳しいことはあまり言えませんが，自分が関心を持つテーマのネットワークを利用されるといいのではないでしょうか。信頼のおける，腕のいい方が職場や知り合いにおられればスーパービジョンを依頼するということも可能でしょう。インターネットや Zoom が広まり，日常的となった今日，地元や近隣地域を超えて，日本全国，ひいては世界中どこでもスーパーバイザーを見つけることが可能になりました。私が所属する催眠学会では資格取得の条件としてスーパービジョンが課せられているのですが，これは全米50 州どこに住んでいても Zoom でできることが認められています。日本でもこうしたシステムが確立されていることを願っています。

　もしこういった機会がないとしたら，先ほど津田先生おっしゃられた SE^{TM} など自分の関心を引く学会や団体でライブのデモンストレーションを見るのはどうでしょうか。

　司会：ありがとうございます。では，大谷先生への最後のご

質問ですね。**アメリカでエリクソニアン催眠療法を学ぶ方法，ウェビナーなどがあれば教えてください。**

大谷：まず今日の対談でも論じましたが，「エリクソン催眠」という名目は誤解が多く，ハモンド博士が論文で発表されたように［Hammond 1984］，「神話」になっているので要注意です。次に催眠のみならず，あらゆるスキルはウェビナーだけでは修得できません。ウェビナーだけで水泳を学ぶことができないのと同じです。ウェビナーは便利な反面，それによって修得できる事柄と，できない事柄を曖昧にするという難点があります。米国臨床催眠学会（American Society of Clinical Hypnotherapy：ASCH）の場合，理論学習はウェビナーでも許されますが，スキル訓練は対面，もしくは Zoom が必須になっています。

エリクソン催眠か否かに関わらず，催眠については先ほど述べた米国臨床催眠学会や臨床実験催眠学会（Society for Clinical and Experimental Hypnotherapy：SCEH）という，信頼のおける 2 つの学会がハイクオリティのビデオを専門家に配信していますから，下に記したリンクから探されるといいでしょう。

エリクソンについてはジェフリー・ザイクが主催するミルトン・エリクソン・ファンデーション（Milton Erickson Foundation）があります。ここのリンクも上の 2 つと一緒に記しておきます。

繰り返しますが，エリクソン催眠というのは伝統的な催眠を基本にエリクソンが開発した方法論です。今回トピックに取り上げたリソースの活用や散りばめ法などはこの例です。ですからエリクソンには固執せず，催眠の理論，観察とペーシング，幅広いトランス誘導法の訓練から始められるのが正攻法です。

【参考】

ASCH：https://portal.asch.net/commerce/store

SCEH：https://www.sceh.us/webinars

Ericksonian Foundation：https://www.erickson-foundation.org/

　司会：ありがとうございます。事前に頂いた質問は以上です。チャットの方に2つ質問が来ています。

　参加者A：エリクソンは日常会話レベルで，関係性や安全感をどのように作ったのでしょうかっていうことですね。

　大谷：大きな質問ですね。

　津田：大きな質問ですけど，要するにまさに繰り返し言ってきた，リソースっていうことに注目するんだと思いますね。リソースを見出すという観察をして，しかもその観察はその人自身への愛情表現でもあってね。で，そこから組み立てて進めていくっていうことに尽きてしまうような気もしますね。

　なおエリクソンは，セラピー場面でも日常会話レベルで，ていうかほとんど日常会話レベルだけで，リソースへの注目によって関係性や安全感を作っていったんですね。また反対に，日常会話の場面でも，ご子息への関わり方などから見ても，セラピーに匹敵するくらい精細にリソースを掬い取って，愛情深く1人1人に接していたように思いますね。この**セラピーと日常のちがわなさ**も，私はものすごく重要と思っています。私，セラピーが究極は雑談の域に達するまで，雑談が究極はセラピーの役を担うに至るまで，磨き上げられないものかと，日夜奮闘しておる次第でございます（笑）。

　大谷：クライエントに見合った，クライエントが気づかずにいるリソースに注目し，フルに利用したということが1つ。も

う1つはクライエントの自尊心を高めたことだと思います。催眠療法に自我強化というアプローチがありますが，エリクソンはこれにも長けていました。

　津田：ああ，そうですね。エリクソンは自尊心の使い方がまた非常に上手ですね。子ども相手だと特にそう。子どもとのケースを読んでいるだけで，私のなかのインナーチャイルドが心を躍らせます！

　大谷：はい。

　司会：はい。では，よろしいでしょうか。次のご質問です。

　参加者B：お世話になっています。今日も，素晴らしいお話ありがとうございました。

　とても関心を持って聞かせて頂いたんですけども。私の質問は，**震災後ってすぐに，ボランティア精神がすごく高まるじゃないですか。でも，ちょっと時間が経つと急にさーっと，それが覚めてしまう。そのことを，私はどういう風に心理学の，特に生理学的に説明したらいいのかなと思っていたんですね。**

　で，ちょっと質問という形とずれてしまうんですけども，「ブレンド」ということを聞いて，腹側と交感神経はやっぱりストレス反応なんだなっていう風に思ったんですね。交感神経としての活動ボランティアだと思いました。そのところが今までは，テーラーという方の"tend and befriend"［Taylor et al. 2000］ということでちょっと理解していたんです。ただ，ちょっと無理があるなと思ってはいたんですが，この「ブレンド」ということで，あ，これはしっくりくるかもしれないと思いました。

　そのところを，両先生はどんな風にお考えですか。ブレンドかもしれないし，もしかしたら，ちがうセオリーでの，ボラン

ティア精神とかがあるのかどうか？　特に災害があった後に
ギュっと高まってすぐに下がってしまうボランティア精神，ど
うお考えでしょうか。

　津田：はい。基本的にそのボランティア精神を突き動かして
いるものは，おっしゃる通り，交感神経と腹側のブレンドがま
さにね，突き動かして起こっていることかなっていう風に思い
ますね。

　"tend and befriend"は，やっぱり女性特有の傾向として出
てきた研究ですので，おっしゃるように，震災のボランティア
がじゃあ女性ばっかり殺到したかって言ったら決してそんなこ
とはないので。多くの方を巻き込んでいるので，ちょっとあの
説だけでは説明つかないわけですよね。ブレンドで突き動かし
ているっていうところは，ほぼ間違いないような気がします。

　で，これがじゃあ，すぐ消えていくのは何なのかっていうの
は結構ちょっと，詳細な検討がいるかなっていう風に思うんで
すけど。多分，その突き動かしていた交感神経のエネルギーが
何かで抜けてしまうわけですよね。で，この抜けてしまうもの
が何なのかっていうのは，ちょっと簡単に一言では言えないか
なっていう気がしているんですね。いろんなことがやっぱり働
いている，社会心理的な現象かなと思いますけれどね。

　大谷：私はトラウマの立場から考えているのですが，ボラン
ティアを襲う間接的なトラウマ体験が１つの原因ではないかと
思います。

　被災地に入ってボランティア活動をすると，被災者の悲惨な
姿を絶えず見ざるを得ない。こうした状態はPTSD発症の土
壌になりがちです。私のクライエントの１人に「国境なき医師
団」という，貧困地域や被災エリアに一定期間赴き，医療活動

をするチームメンバーがおられます。数年前，ハイチに大地震が起きたとき現地に出向いたが，予定期間の半分にあたる14日目で身も心もズタズタになり，結局帰国せざるを得なくなりました。震災患者を診ることから生じた間接トラウマが原因です。

　こうした間接トラウマに加えて，コロナ禍以降注目され始めた「モラル・インジャリー」のトラウマもあります［大谷 2020］。被災者の怪我，病気，損壊して廃墟と化した町，飢えと伝染病にさらされる子どもや老人，医療体制の崩壊から治療すら受けられない患者，そしておびただしい死者。自分がいくら精一杯尽くしても無駄に思える。さりとて自分には帰る家，温かく迎えてくれる家族や友人がいる。果たして自分はこうした恵まれた生活をしていいんだろうか。申し訳ない気持ちと罪悪感で涙が止まらなかった。同様の体験はジャーナリストや報道関係の方々にも起こります。こうしたことが原因の1つではなかろうかと考えています。

　津田：ああ，確かにおっしゃる通りですね。今，言われて，ホントその通りですね。その引いていくときにひょっとしたら，それも絡んでくる可能性があるかもしれません。

　いわゆる交感神経と背側とどっちも高まる状態っていうのが起こってくる。ピーター・ラヴィーンもそれからパット・オグデンもそのことを指摘していると思うんですけど，そうなったときにやっぱり，一度交感神経が上がると今度は，背側にズドンと落ちて乱高下してしまうっていう現象がね，わりかし起こるわけですよね。で，その一形態と見ることもできるかもしれませんね，ひょっとしたらね。

　交感神経上がっていたけど背側に落ちてしまう，その根っこ

にはやっぱり，ボランティアに行った方の傷が突き動かしていて，一時的に交感神経で上がるけれども，結局また今度は背側に落ちてしまうっていうようなことが起こっている可能性も考えられるかなっていう風に，今ね，大谷先生のお話を聞いて思いました。

参加者Ｂ：わかりました。ありがとうございます。本当にお二人のお話，すごく，「ああ，なるほど，何かしっくりいくな」って思いました。どうも，ありがとうございました。

津田：ありがとうございました。

大谷：ありがとうございます。

司会：はい。では，お時間になりましたので，これで終わりたいと思います。皆さん，いかがでしたか。本当，２時間では足りないですね。博識あるお二人の先生のお話をいつまでも聞き入っていたかったです。

津田：すいません。果てしなく喋ってしまって。

大谷：話し過ぎました。申し訳ありません。ゾーンに入っていました（笑）。

津田：これぞトランスでしたかね（笑）。

司会：はい，また，お二人の先生で何か企画できないかなと考えていきたいと思います。大谷先生，津田先生，本日はありがとうございました。

大谷：ありがとうございました。

津田：ありがとうございました。

補遺：対談後のユンタク

　大谷・津田両先生の対話は，実は対談終了後もさらに1時間ほど続いた。そのうち本題と関係の深い重要な部分をここに再録し，追加しておく。

「ブレンド」のメカニズム

　大谷：あの「ブレンド」の概念，ちょっとまだはっきりとわかりません。

　津田：うん，そうですね。わかりませんという感じですか。

　大谷：いえ，先生のご説明は明快でなるほどと頷けるのですが。なぜこうした現象が起こるのかについて考えています。

　津田：はい。

　大谷：もう1つはエビデンスはあるのだろうかという疑問です。

　津田：はいはいはい。そうですね，1つは**神経系の階層性の理論から来ている**話なんだということが大事ですね。

　大谷：どういうことでしょうか。

　津田：はい。新しく来たものがすでにある古いものを再編入しながら（co-opting）統合していくというイメージがあるのですね［Porges 2011：津田 2019, pp.287-8］。

　大谷：ああ。そういうイメージなんだ。本ではわからず，こうして先生から説明を聞くと「あぁ，なるほど」と思います。階層的なイメージがあるんですね，なるほど。

　津田：そうですね。腹側が新しくできた分だけ一番上に来る

ので，そうすると古いものは，その下に統合されていって，統合された新たな形で実際には機能することになるっていうイメージですね。

　大谷：わかりました。なるほど。

　津田：そして，もし上がうまく働かないで，その統合が切れちゃうと解体して，下にある交感神経だけとか，背側だけとかが露出して，突出して自動的に作動するということなんですね。

　大谷：つまり神経発達的にシステムが機能しないと古い皮質が作動する。

　津田：19世紀末に，ヒューリングス・ジャクソンという神経学者がいたじゃないですか〔Jackson 1884=2000〕。

　大谷：はい。

　津田：あの階層性の理論に結構，影響を受けているところがあるんですよね。

　大谷：なるほど。

　津田：はい。階層化していて，上が解体してしまうと結局，下がそのまま露出して自動的に作動してしまうっていう理論ですね。

　大谷：わかりました。

　津田：そうやって病理が起こるんだっていう考え方ですよね。

　大谷：面白いですね。

　津田：そうそう，でジャクソンはそれを大脳のレベルで言ったわけですけど，それが自律神経レベルでも言えるんじゃないかとポージェスは考えるんですね〔Porges 2011, pp.55-6, 161-2, 169；津田 2019, pp.198-200〕。

　大谷：これがポリヴェーガルの持つパワーですね。なるほど。

　津田：そういう考えなんですね。

第3章　対談　*213*

　大谷：ああ，なるほど，わかります。

　津田：はい。だから（ポージェスは），ジャクソンは結構，意識しているんですよね。

　大谷：やはりポージェスを読んでそう感じられますか。

　津田：はい，そうなんです。そのようにはっきり明言もされていますしね [Ibid.]。

ポージェスとジャネ

　津田：そして，ジャクソンのそのいわば生理学的な理論をちょうど心理学化した格好になっているのがピエール・ジャネといえるわけですね。ジャクソンが「精神自動症」なら，ジャネは「心理自動症」でしたから [津田 2019, p.199]。

　大谷：はい。

　津田：ジャネもいわゆる階層化された心理構造になっているので。

　大谷：なっていますね。

　津田：はい。だからね，実はどっか**親和性があるんですね。ポージェスの言っていることとジャネの言っていることには。**

　大谷：なるほど。ジャネの提唱した階層的なトラウマ治療もここから来ているのですね。古いものから徐々に新しいものに進めていくという見地。トラウマ治療では階層的または段階的アプローチと呼ばれます。

　津田：はい。そのことを私もレクチャーで言及させて頂きました。象徴的なことに，ジャネは「無意識」（unconscious）じゃなくて「下意識」（subconscient）というわけですよね。

　大谷：はい。そういうところもそうですね。

津田：ですよね。

大谷：ああ，そういう風な全体があるのですね。なるほど，わかりました。ありがとうございます。

津田：そういうイメージだと思いますね。

大谷：わかりました。ぴったり，わかります，はい。

エビデンスを取りにくいところで大事なことが起こっている！

津田：ただ，やっぱり自律神経のレベルってのは，エビデンスが取りにくいんですね。大脳のように画像がはっきり取れるわけでもないですし。

大谷：そうなのですか。

津田：そもそも神経線維が細すぎてですね。肉眼でもほとんどわからないっていうところも結構あるんですよね。

大谷：ほぉ～。

津田：はい。とくに無髄神経になっちゃうと，もうどうなっているのかよくわからないんですよね，はっきり言って。だからこれは相当難しい面もあるんですよ，残念ながら。皆さん，だから，ポリヴェーガルはエビデンスはどうなっているんだって言うんだけど，そもそもまず自律神経で細部のエビデンスがどこまでとれるのかっていう話になってきちゃって。

大谷：それは聞いたことがあります。最近マインドフルネスの論文のなかでポリヴェーガル理論について触れたところ，査読したイタリア人の神経生理学の先生からこれは単なる理論に過ぎないから削除するようにと言われました。

津田：そうなんですね。でも，とってくれと言われても，とりようがないみたいな現実もあったりする。

大谷：査読者のポイントもエビデンスがないからという理由
でした。

　津田：そうなんですね。だからここはかなり難しいパラドッ
クスにもなってしまって。というのは，それでもなお実は，**エ
ビデンスがとりにくいところでこそ，とても大事なことが起
こっている**んですよね。

　大谷：ですね。なるほど。

　津田：病む場合も癒える場合もね，そこで何か大事なことが
起こっているんですよ。

　大谷：ここが厄介なところです。基礎科学が遵守するエビデ
ンスは十分に理解し，尊敬するのですが，これが見つからない
場合はすべて切り捨てろというのも臨床の立場からは無茶じゃ
ないかと思います。

　津田：そうなんですよ。だからここがね，非常に悩ましいと
ころで。

　大谷：基礎と臨床。いつの時代も波長が合わないところがあ
る。

　津田：そうですね。エビデンスは，統計学的な真理として，
再現性（セラピストがちがっても結果は同じ）と非個別性（ク
ライエントがちがっても結果は同じ）がイノチですが，臨床は，
実存的な真理として，エリクソンが強調したように，非再現性
（セラピストがちがえば結果もちがう）と個別性（クライエン
トがちがえば結果もちがう）がイノチですから。この両面をど
う兼ね合わせていくか。そんな**複眼性**こそが，真に臨床に必要
なスタンスと思います。

ジャネ・催眠・トラウマ

司会：ジャネの話まで遡ると面白いですよね，とても。

大谷：ジャネは催眠に非常に優れていたと言われています。

津田：そのようですよね。そこはフロイトとのちがいですね。

大谷：はい。例えば学術書として評判の高いワイツェンホッファーのテキスト「The Practice of Hypnotism（未訳）」[Weitzenhoffer 1989] にはエリクソンの技術も素晴らしいが，ジャネのテキストを読む限り，彼はエリクソンと同等，もしくは彼以上であったと述べています。

津田：ああ，なるほど。ジャネという人はもう，すごく地味で飾らない人だから，何か無名な感じでずっと来ちゃったわけですけどね。フロイトの方がやっぱ，絵になるので。

大谷：なりますね。

津田：ね，有名になって。ジャネはだから，すごくフロイトを嫌っていたわけですけどね。

大谷：こうしたなかヨーロッパの大手出版社 Taylor & Francis は催眠関係も含めて心理系の専門書を数多く手がけているのですが，最近ジャネの著作2冊，およびジャネの解説書を1冊出版しました。日本のみすず書房から刊行された『心理学的医学』[Janet 1923=1981] の英訳だと思います。

　細々とではあるがジャネを信奉する人は後を絶たない。私も含めて。やはりジャネはすごかったなと思います。

津田：で，面白いのは，ジャネはまあ，何かトラウマ治療の元祖みたいにね，今は持ち上げられているわけですけど，ジャネの実際のものを読んでいくと，『心理学的医学』もそうです

が，トラウマ治療なんてのはね，自分のやっている治療のなかでは，ほんの一部なんだっていうわけですよ［Ibid., p.236］。

大谷：本当に幅広かったですね。

津田：トラウマ，トラウマって言って大騒ぎするな，みたいなことを言っているわけですね。明らかにフロイト派も戒めて［Ibid., pp.39-41, 233-5］。

司会：あ，そうなんですね。へえ。

大谷：だからトラウマは dissociation（解離）か repression（抑圧）かに関する物議はジャネの dissociation に軍配が上がりました。

津田：はい，はい。

大谷：ジャネは読んでいて面白い。ただしフロイトはスター性が高かった。

津田：そうですね。

大谷：最近になってやっとジャネの立場からトラウマを敷衍する人たちが増えてきました。と言っても精神力動的な視座からではなく，認知心理学のインプリシット・メモリー（潜在記憶）という概念を導入し，それによって心理反応を理解しようとしています。日本でも評判になったヴァン・デア・コークの『身体はトラウマを記録する』［Van der Kolk 2014=2016］もこの視点を重視しています。

津田：うん，そうですね。

大谷：そして最近では記憶再固定などということも言われるようになった［Ecker et al. 2024］。ともあれジャネは精読しなければと思います。人気上昇中ですからね。

ニューロセプションとサブセプション

　津田：あ，そうそう。それで思い出した。今日の対談では1つ言い忘れたんですけど，レクチャーではふれましたが，あのニューロセプションにあたる概念がですね，ロジャーズにもあるんですね。「サブセプション」という言葉 [Rogers 1951, pp.506-7]。ふつう「潜在知覚」と訳されていますかね。で，ほとんどその話は，ポージェスがニューロセプションで言っているのと同じこと。

　大谷：これは驚きですね。ロジャーズもそれに気づいていたんですね。先見の明があったのか，または臨床から気づいたのか。

　津田：ただ，このサブセプションは，ロジャーズが言い出した言葉じゃなくてですね。実は遡っていくとさらに驚きなことに，あのリチャード・ラザルスなんですね [McCleary& Lazarus 1949, pp.178-9]。若きラザルス。彼は GSR（皮膚電気反応）を使ってですね，自律神経にも独自の認知能力があるということを言って，それを「サブセプション」と名づけたんですね。

　ラザルスが 1949 年にそれを言って，ロジャーズがすぐさま 1951 年に著書『クライエント中心療法』のなかでそれを採り入れているんですね。

　大谷：ああ，そうですか。

　津田：はい。ただラザルスなんで，やっぱりその位置づけがちょっとポージェス（やロジャーズ）とはちがうかなってことになりますね。

　大谷：ラザルスといえばストレスの研究の大家ですね。

津田：そうそう，例の，コーピングでどう対処するかがあって，はじめてストレスになるっていう。

大谷：その通りです。

津田：だからその初期段階の方に，多分サブセプションを位置づけるんだと思うんですね。

大谷：それは理論にかなっていますね。

津田：はい。そしてそのサブセプションを受けて，皮質がその刺激を判断して，さらにそれにどう対処するかを判断して，それでストレスになるんだっていうことになると思うんですが。

大谷：認知行動療法（CBT）ではラザルスの研究が重んじられています。残酷な場面を映したドキュメンタリー映画を見せ，それに伴うストレス反応を認知作用によって回避することが可能になることを示しました。

かつてカリフォルニア大学のバークレー校を訪れたとき，キャンパス内にある彼のラボラトリーまで行って記念写真を撮りました。ラザルス博士はもうすでに定年退官されておられましたが。

認知派の心理療法と身体派の心理療法

津田：で，そうするとですね。**ラザルスとポージェスが似たことを言っている**ってことになってくる。

大谷：なるほど。

津田：これは非常に興味深いことになってこないでしょうか。認知派と身体派がよく対立するわけですけれど。

大谷：そうですね。

津田：実は双方，そっくり同じところを見ているんですね。

これ今日の対談で話そうと思って忘れてしまいました。

　司会：これは面白いテーマですね。

　津田：うん，そうでしょう？

　大谷：最近になって，全ての感情は認知によって生じるというのは多分言い過ぎだろうと言われるようになりました。そういう場合もあるが，認知以前すでに感情の出ることも確認されている。こうした見地からトラウマ・センシティブ（トラウマ配慮）的になりつつあります。

　津田：うん。あのジェームス・ランゲ説の復活なんかも，そういうことになりますかね。

　大谷：そうですね。つまり身体と感情のつながりは一方的じゃなく，相互的だと考えねばならない。

　津田：全く同感です。そこがもう不可欠になってくると思いますね。

　大谷：そうなりますね。

　津田：はい。

　大谷：これからの発展が楽しみですね。

　津田：そうですよね。

　大谷：こうした背景があり，身体（ソマティック）アプローチが認められ始めました。ピーター・ラヴィーンのソマティック・エクスペリエンシング®（SE™）はじめ，パット・オグデンのセンサリーモーター・サイコセラピーなどはこの典型です。

　津田：そうですね。

　大谷：ほんの10年ぐらい前までは身体アプローチなどと言おうものなら，それこそインチキ臭いというニュアンスで見られました。あなたはきちんとした心理療法ができないから，身体がどうのこうの言うのだろうと偏見に満ちていました。ピー

ター・ラヴィーンも昔は身体アプローチについて語ると一笑に付された，とポッドキャストて述懐していました。こういう時代もあったのですね。

津田：うん，そうなんでしょうね。私もこの国でも，90年代の頃，あちこちでさんざん一笑に付されたものです。心理の専門家の界隈では，ちゃんとした心理療法ができないから，身体とか言うんだろうと蔑まれました。一方，身体の専門家の界隈でも，ちゃんと身体で治せないから，心理とか言うんだろうと蔑まれました。

大谷：それがトラウマの概念が理解されるにつれ，これはトークセラピーだけでは治らないということが明らかになり始めた。この結果，認知療法では第3世代アプローチが盛んになりました。これにマインドフルネスが一役買い，身体感覚にも注意を払うことになったのです。「身体化」，英語では"embodiment"と言いますが [Varela et al. 1991=2000]，これが注目されるようになりました。

津田：はいはい。まさにそうですね。だから認知派と身体派の対立とかっていうのもね，両者の共通点と相違点の**複眼でみる**ことが大切なんじゃないかなぁと思いますね。

内受容感覚の意義

大谷：そうすると，ニューロセプションとサブセプション，そしてさらに内受容感覚（interoception）はどう関連するのでしょうか。内受容感覚はとても重要です。「身体的認知」の基盤で，ジェンドリンの「フェルトセンス」[Gendlin 1981=1982]にも関与します。そしてマインドフルネスではこれが中心的役

割を果たします。

　津田：はい。おっしゃる通りですね。さすがは大谷先生，鋭いご指摘です。ポージェスとラザルスはある意味同じところを見ていた。さっき私はそう言いました。そのうえで，ポージェスの「ニューロセプション」は，内受容感覚のフィードバックもすごく重視するようになっていったんですね。片やラザルスの「サブセプション」は，感覚や知覚を外受容感覚に限定してしまった面がないか。その分，この**内受容感覚への視点が希薄**だったのではないかと。そして，そこにまさに両者の分かれ目もあったんじゃないかな。ラザルスは行動主義のS-R理論を批判するのに夢中なあまり，行動主義と同範囲の感覚・知覚理解に立って，専ら外部感覚に焦点を絞っていたように思います。認知行動療法は第3世代のマインドフルネスになって，やっとそれを取り戻し始めたということになるでしょうか。

　大谷：ラザルスは，ストレス反応の1次および2次評価の役割をエレガントな実験で実証しました。けれど，その基盤はあくまでも認知でした。これはトップダウンモデルの優位性を物語るもので，80年代の認知行動療法のテキストには必ず詳述されていました。ちょうど私が大学院にいた時代です。

　ところが，時を同じくしてロバート・ザイアンスが情動の独立性を訴え，2人の間に侃々諤々の激戦が繰り返されました〔Lazarus 1984；Zajonc 1984〕。これが内受容感覚への注目の幕開けだったと思います。

　そしてさらに，内受容感覚が心理学，特に臨床領域にボトムアップのモデルとして導入されるきっかけになったのは，フランシスコ・ヴァレラたちの著作でした〔Varela et al. 1991＝2000〕。今でこそ多くの人たちが用いるようになった「身体化」（embodi-

ment）の概念とともに紹介されました。そしてこの「身体化」
は，「内受容感覚」とともにマインドフルネスの理論的基盤と
なり，ジェンドリンの「フェルトセンス」［Gendlin 1981＝1982］
概念にも通じます。

　津田：はい。詳しい説明をありがとうございます。私も80
年代に大学院生で，社会心理学の世界に身体性の希薄を感じて
いた時代にいましたから，社会心理学者としてラザルスの「認
知の優位性」の向こうを張って「情動の優位性」を主張したザ
イアンスや，『身体化された心』の著者で「オートポイエーシ
ス」の提唱者でもあるヴァレラの名前は，本当に懐かしいです。

　こうして大谷先生に俯瞰して頂くと，**内受容感覚の位置づけ
が，認知系のトップダウン・モデルと身体系のボトムアップ・
モデルの大きな分岐点である**ことを改めて強く実感させられま
した。ありがとうございました。

　あとこれ余談かもしれないですけど，ここでもまたですね，
ザイアンスはポーランド出身，ヴァレラは南米チリの出身で，
2人とも非西欧圏の人っていうのも興味深いです。

ニューロセプションの誤作動とスキーマの歪み

　大谷：それからもう1つ，お聞きしたいことがあります。先
ほどニューロセプションの誤作動というお話を聞いて，ジェ
フリー・ヤングのスキーマ療法を思い出しました［Young et al.
2003＝2008］。他者や状況に対する認知的スキーマの歪みが心理
障害と密接に関わり，これの修正が回復につながるという認知
行動療法です。この概念をニューロセプションと統合させるの
は可能でしょうか。

津田：いやあ，これまた非常に興味深いご指摘ですね。ニューロセプションの誤作動と，認知的スキーマの歪みの修正と。その相補的な関係というふうに考えると，とても魅力的なテーマとなりますね。でも，ここでも共通点と相違点の**複眼**でみることが大切と思います。まずはさっきの話と同じく，スキーマ療法がスキーマを考えるとき，内受容感覚への視点ってどのくらい入っているのか。そのあたりが1つポイントになってきますかね。先生はどう思われますか？

　大谷：さっきの内受容感覚をめぐる経緯を考えると，ジェフリー・ヤングはじめ認知療法の理論家はいまだ認知に偏りがちで，ややもすれば内受容感覚には触れないことが多いようですね。ピーター・ラヴィーンが1980年代に身体感覚を論じたときに受けた攻撃的な反応にはこうした認知優勢の背景があったのでしょうね。

　津田：ということになってきますかね。はい。

　大谷：仏教にアニッチャ（anicca）という言葉があります。日本語では〈無常〉と訳されますが，〈はかない〉という意味ではなく，万物は流転するという概念です。身体論の受け止め方はまさにアニッチャですね。学術的に言えばパラダイムの変化と言ってよいでしょう。これまでの西洋的な〈心と身体〉という二元論が東洋の〈心身〉一元論に変わりつつあるのです。これは今後の臨床理論と実践に大きな変化と貢献をもたらすと信じています。

　司会：いやはや，刺激的なお話がどこまでも広がっていきますね。やはり対談が終わってからのユンタクもとても勉強になります。いつか，実際に沖縄でお二人の先生からお話を伺いたいものです。大谷先生，アメリカの方は夜遅いのではないで

しょうか？　名残惜しいですが，本日はここで終わりましょう。
遅くまでありがとうございました。

参 考 文 献

Ainsworth, M. D. S., 1982 Attachment : Retrospect and prospect, in Parkes, C. M. & Stevenson-Hinde, J. (eds.), *The place of attachment in human behavior*. New York: Basic Books, pp.3-30.

Baer, R., Crane, C., Montero-Marin, J., Phillips, A., Taylor, L., Tickell, A. & Kuyken, W., 2021 Frequency of self-reported unpleasant events and harm in a mindfulness-based program in two general population samples. in *Mindfulness*, vol.12, pp.763-74.

Benveniste, E., 1966 *Problèmes de la linguistique générale.* ＝岸本通夫監訳，1983『一般言語学の諸問題』みすず書房。

Bowlby, J., 1988 *A Secure Base : Clinical Applications of Attachment Theory.* ＝二木　武訳，1993『母と子のアタッチメント――心の安全基地』医歯薬出版。

Bruner, J., 1983 *In Search of Mind ; Essays in Autobiography.* ＝田中和彦訳，1993『心を探して――ブルーナー自伝』みすず書房。

Cloitre, M., Courtois, C.A., Charuvastra, A., Carapezza, R., Stolbach, B.C. & Green, B. L., 2011 Treatment of complex PTSD : Results of the ISTSS expert clinical survey on best practices, in *Journal of Traumatic Stress*, vol.24, pp.615-27.

Cuijpers, P., Reijnders, M., & Huibers, M. J. 2019 The role of common factors in psychotherapy outcomes, in *Annual Review of Clinical Psychology*, vol.15, pp.207-31.

Dehaene, S., Kerszberg, M. & Changeux, J.-P., 1998 A neuronal model of a global workspace in effortful cognitive tasks, in *Proceedings of the National Academy of Sciences of the U.S.A.*, vol.95, no.24, pp.14529-34.

Diamond, M. J., 1987 The interactional basis of hypnotic experience: On the relational dimensions of hypnosis, in *International Journal of Clinical and Experimental Hypnosis*, vol.35, pp.95-115.

土居健郎，1996　「『見立て』の問題性」『精神療法』第22巻2号，pp.118-124。

Ecker, B., Ticic, R. & Hulley, L., 2024 *Unlocking the Emotional Brain : Memory Reconsolidation and the Psychotherapy of Transformational Change.* 2nd ed. New York:Routledge

Erickson, B. A. & Keeney, B. (eds.), 2006 Milton H. Erickson, M.D.: *An*

American healer. Sedona, AZ : Ringing Rocks Press. ＝横井勝美・中田美
綾訳，2018『ミルトン・エリクソン／アメリカン・ヒーラー』金剛出版。

Erickson, M. H., 1958 Naturalistic Techniques of Hypnosis, in *American Journal of Clinical Hypnosis*, vol.1, no.1, pp.3-8.

―――――, 1959 Further Clinical Techniques of Hypnosis: Utilization Techniques, in *American Journal of Clinical Hypnosis*, vol.2, no.1, pp.3-21.

―――――, 1966 The interspersal hypnotic technique for symptom correction and pain control, in *American Journal of Clinical Hypnosis*, vol.8, pp.198-209.

―――――, 1980 *The Collected works of Milton H. Erickson, MD, Volume 4: Advanced approaches to therapeutic hypnosis.* Irvington.

Erickson, M. H. & Hill, L. B., 1944 Unconscious mental activity in hypnosis-psychoanalytic implications, in *Psychoanalytic Quarterly*, vol.13, pp.60-78.

Erickson, M. H. & Rossi, E. L., 1979 *Hypnotherapy: An exploratory casebook.* Irvington.

―――――, 2009 *The February man: Evolving consciousness and identity in hypnotherapy.* Routledge/ Taylor & Francis Group. ＝横井勝美訳，2013『ミルトン・エリクソンの二月の男――彼女は，なぜ水を怖がるようになったのか』金剛出版。

Erickson, M. H., Rossi, E. L. & Rossi, S. I., 1980 *Experiencing hypnosis: therapeutic approaches to altered states.* ＝横井勝美訳，2017『ミルトンエリクソンの催眠の経験――変性状態への治療的アプローチ』金剛出版。

Ericsson, K. A., 2004 Deliberate practice and the acquisition and maintenance of expert performance in medicine and related domains. *Academic Medicine*, vol.79, S70-S81.

Ferenczi, S., 1928 The elasticity of psycho-analytic technique, in Balint, M. (ed), *Final Contributions to the Problems and Methods of Psycho-Analysis. vol. Ⅲ.* New York: Bruner/Mazel, 1980, pp.87-102. ＝森　茂起・大塚紳一郎・長野真奈訳，2007「精神分析技法の柔軟性」，『精神分析への最後の貢献――フェレンツィ後期著作集』岩崎学術出版社，pp.57-70。

―――――, 1933 Confusion of tongues between the adult and the child, in *International Journal of Psychoanalysis*, vol.30, pp. 225-30. ＝森　茂起・大塚紳一郎・長野真奈訳，2007「大人と子どもの間の言葉の混乱」『精神分析への最後の貢献――フェレンツィ後期著作集』岩崎学術出版社，pp.139-50。

―――――, 1985 *Journal Clinique.* Janvier-Octobre 1932. Paris:Payot. ＝森　茂起訳，2000『臨床日記』みすず書房。

Friedman, L., 1999 *Identity's Architect: A Biography of Erik H. Erikson.* Cambridge, Massachusetts :Harvard University Press. ＝やまだようこ・西平　直監訳，鈴木真理子・三宅真季子訳，2003『エリクソンの人生　アイデンティティの探究者』新曜社。

Gendlin, E. T., 1962 *Experiencing and the creation of meaning: A philosophical and psychological approach to the subjective.* New York : Free Press of Glencoe. ＝筒井健雄訳，1993『体験過程と意味の創造』ぶっく東京。

――――, 1981 *Focusing.* 2nd ed. Toronto : Bantam Books. ＝村山正治・都留春夫・村瀬孝雄訳，1982『フォーカシング』福村書店。

Gethin, R., 2011 On some definitions of mindfulness, in *Contemporary Buddhism,* vol.12, pp.263-79.

Gilligan, S., 1987 *Therapeutic Trances: The Co-Operation Principle in Ericksonian Hypnotherapy.* New York: Brunner/Mazel.

――――, 1997 *The Courage to Love.* ＝崎尾英子訳，1999『愛という名の勇気――自己間関係理論による精神療法の原理と実践』言叢社。

Ginger, S., 2004 Sandor Ferenczi, The "Grandfather of Gestalt Therapy", in *Gestalt Review,* vol.8, no.3, pp.358-68.

Goldstein, K., 1939 *The organism.* New York: American Book Co.

――――,1947 *The Human Nature in the Light of Psychopathology.* ＝西谷三四郎訳，1957『人間――その精神病理学的考察』誠信書房。

Gunnison, H.,1985 The uniqueness of similarities: parallels of Milton H. Erickson and Carl Rogers, in *Journal of Counseling & Development,* vol.63, pp.561-4.

Haley, J.,1973 *Uncommon Therapy : The Psychiatric Techniques of Milton H. Erickson* MD. ＝高石昇・宮田敬一訳，2001『アンコモンセラピー――ミルトン・エリクソンのひらいた世界』二瓶社。

Hammond, D. C., 1984 Myths about Erickson and Ericksonian hypnosis, in *American Journal of Clinical Hypnosis,* vol.26, no.4, pp.236-45.

Herman, J., 2023 *Truth and repair: How trauma survivors envision justice.* Basic Books. ＝阿部大樹訳，2024『真実と修復――暴力被害者にとっての謝罪・補償・再発防止策』みすず書房。

Hofmann, S. G., Grossman, P., & Hinton, D. E., 2011 Loving-kindness and compassion meditation: Potential for psychological interventions, in *Clinical Psychology Review,* vol.31, pp.1126-32.

Jackson, J. H., 1884 Evolution and Dissolution of the Nervous System.

Croonian Lecture delivered at the Royal College of Physicians, in *Lancet*, vol.123, pp.555-8, 649-52, 739-44. ＝秋元波留夫訳, 2000『神経系の進化と解体』創造出版。

Kagan, N., Schauble, P., Resnikoff, A., Danish, S. J., & Krathwohl, D. R., 1969 Interpersonal process recall, in *The Journal of Nervous and Mental Disease*, vol.148, pp.365-74.

片山一良, 2007「四梵住――仏の無量心」『日本佛敎學會年報』第 72 巻, pp.13-26。

Kiesler, D. J., 1966 Some myths of psychotherapy research and the search for a paradigm, in *Psychological Bulletin*, vol.65, pp.110-136。

北村隆人, 2021 『共感と精神分析――心理歴史学的研究』みすず書房。

近藤和敬, 2024 『人類史の哲学』月曜社。

Kramer, R., 1995 The birth of client-centered therapy : Carl Rogers, Otto Rank, and the beyond, in *Journal of Humanistic Psychology*, vol.35, no.4, pp.54–110.

國弘正雄, 1970 『英語の話し方――同時通訳者の提言』サイマル出版会。

Lazarus, R. S., 1984 On the primacy of cognition, in *American Psychologist*, vol.39, pp.124–9.

Lazarus, R. S. & McCleary, R. A., 1951 Autonomic discrimination without awareness: A study of subception, in *Psychological Review*, vol.58, pp.113-22.

Levine, P. A., 1992 The Body as Healer: a Revisioning of Trauma and Anxiety, in Sheets-Johnstone, M.（ed.）, *Giving the Body its Due*. Albany: State University of New York Press, pp. 85-108.

―――, 1997 *Waking the Tiger: Healing Trauma*. Berkeley, California : North Atlantic Books.

Lewis, T., Amini, F. & Lannon, R., 2000 *A General Theory of Love*. New York: Random House.

Maslow, A. H., 1943 A Theory of Human Motivation, in *Psychological Review*, vol.50, pp.370-96.

――――, 1948 "Higher" and "Lower" Needs, in *Journal of Psychology*, vol.25, pp.433-6.

―――, 1950 Self-Actualizing People: A Study of Psychological health, in *Personality Symposia Symposium #1 on Values*, New York : Grune & Stratton, pp.1-34.

―――, 1953 Love in Healthy People, in Montagu, A.（ed.）, *The Meaning of Love*, New York: Julian Press, pp.57-93.

─────, 1954 *Motivation and Personality*. Harper & Brothers Publishers, Inc. ＝小口忠彦監訳，1971『人間性の心理学』産業能率短期大学出版部。

McCleary, R. A. & Lazarus, R. S., 1949 Autonomic discrimination without awareness: An interim report, in *Journal of Personality*, vol.18, pp.171-9.

McEwen, B. S. & Lasley, E.N., 2002 *The End of Stress as We Know It.* ＝桜内篤子訳，2004『ストレスに負けない脳──心と体を癒すしくみを探る』早川書房。

McGinnies, E., 1949 Emotionality and perceptual defense, in *Psychological Review*, vol.56, pp.244-51.

蓑輪顕量，2008 『仏教瞑想論』春秋社。

Moeller, A.H., Foerster, S., Wilson, M.L., Pusey, A.E., Hahn, B.H. & Ochman, H., 2016 Social behavior shapes the chimpanzee pan-microbiome, in *Science Advances*, vol.2, issue 1,pp.1-6.

森　俊夫，1995 「訳者あとがき」，オハンロン『ミルトン・エリクソン入門』金剛出版，pp.199-211。

西田幾多郎，1950 『善の研究』岩波書店。

Nijenhuis, E. R., 2001 Somatoform dissociation: Major symptoms of dissociative disorders, in *Journal of Trauma & Dissociation*, vol.1, pp.7-32.

Nyanaponika, T., 1962 *The heart of Buddhist meditation: Satipaṭṭhāna: A handbook of mental training based on the Buddha's way of mindfulness, with an anthology of relevant texts translated from the Pali and Sanskrit.* Samuel Weiser.

Ogden, P. & Minton, K., 2000 Sensorimotor psychotherapy: one method for processing traumatic memory, in *Traumatology*, vol.6, no.3, pp.149-73.

Ogden, P., Minton, K.& Pain, C., 2006 *Trauma and the Body.* ＝日本ハコミ研究所訳，2012『トラウマと身体』星和書店。

O'Hanlon, W. H., 1987 *Taproots ; Underlying Principles of Milton Erickson's Therapy and Hypnosis.* ＝森　俊夫・菊池安希子訳，1995『ミルトン・エリクソン入門』金剛出版。

O'Hanlon, W. H. & Hexum, A. L., 1990 *An Uncommon Casebook: The Complete Clinical Work of Milton H. Erickson.* New York: Norton. ＝尾川丈一・羽白　誠監訳，2001『アンコモンケースブック──ミルトン・エリクソンの全症例』亀田ブックサービス。

大谷　彰，2002 「臨床催眠家を志す人々へ：ミルトン・エリクソン博士の教訓」『臨床催眠学』第 3 巻，pp.3-7。

————, 2004 『カウンセリングテクニック入門』二瓶社。

————, 2005 「臨床催眠家に求められる特性」『臨床催眠学』第6, pp.39-46.

————, 2017 『マインドフルネス実践講義——マインドフルネス段階的トラウマセラピー（MB−POTT)』金剛出版。

————, 2019 『プロカウンセラーが教える対人支援術——心理・医療・福祉のための実践メソッド』金剛出版。

————, 2020 「パンデミックとトラウマ——新型コロナウイルスから考える——」『人間福祉学研究』第13巻1号, pp.25-40.

————, 2021 「マインドフルネスの歴史と展望」『心理学評論』第64巻, pp.228-243。

————, 2023 「心身相関アプローチ」, 岩壁茂（代表編集）『臨床心理学スタンダードテキスト』金剛出版。

Park, R. E., 1928 Human Migration and the Marginal Man, in *American Journal of Sociology*, vol.33, no.6, pp.881-93.

Paulsen, S., 2009 *Looking Through the Eyes of Trauma and Dissociation: An Illustrated Guide for EMDR Therapists and Clients.* = 黒川由美訳, 2012『トラウマと解離症状の治療—— EMDR を活用した新しい自我状態療法』東京書籍。

Perry, H. S., 1982 *Psychiatrist of America : The Life of Harry Stack Sullivan.* = 中井久夫・今川正樹訳, 1985『サリヴァンの生涯1』, 1988『サリヴァンの生涯2』みすず書房。

Porges, S.W., 1998 Love: An emergent property of the mammalian autonomic nervous system, in *Psychoneuroendocrinology*, vol.23, pp.837-61. → Porges 2011, pp.167-85.

————, 2004 Neuroception: A subconscious system for detecting threats and safety, in *Zero to Three*, vol.24, pp.19-24. → Porges 2011, pp.11-9.

————, 2011 *The Polyvagal Theory.* New York : W.W. Norton& Company.

————, 2017 *The Pocket Guide to the Polyvagal Theory : The Transformative Power of Feeling Safe.* New Tork: W.W. Norton & Company.

Porges, S. W., & Porges, S., 2023 *Our polyvagal world: How safety and trauma change us.* Norton.

Postman, L., Bruner, J. S. & McGinnies, E., 1948 Personal values as selective factors in perception, in *Abnormal and Social Psychology*, vol.45, pp.142-54.

Rank, O., 1924 *Das Trauma der Geburt und seine Bedeutung für die*

Psychoanalyse. =細澤　仁・安立奈歩・大塚紳一郎訳，2013『出生外傷』みすず書房。

Rogers, C., 1951　*Client Centered Therapy.* New York: Mifflin.

―――, 1957　The necessary and sufficient conditions of therapeutic personality change, in *Journal of Consulting Psychology*, vol.21, pp.95-103. =伊東　博訳，1966「パースナリティ変化の必要にして十分な条件」『ロージァズ全集 4』岩崎学術出版社，pp.117-39。

―――, 1959　A theory of therapy, personality, and interpersonal relations, as developed in the client-centered framework, Koch, S.（ed.）, *Psychology: A study of a science. vol. 3. Formulations of the person and the social context.* McGraw-Hill, pp.184-256. =伊東　博訳，1967「クライエント中心療法の立場から発展したセラピィ，パースナリティおよび対人関係の理論」『ロージァズ全集 8』岩崎学術出版社，pp.165-278。

―――, 1980　*A Way of Being.* Boston: Houghton Mifflin. =畠瀬直子監訳，1984『人間尊重の心理学――わが人生と思想を語る』創元社。

Rogers, C. R., Gendlin, E. T., Kiesler, D. J. & Truax, C. B.（eds.）, 1967 *The therapeutic relationship and its impact: A study of psychotherapy with schizophrenics.* Madison: University of Wisconsin Press.

Rogers, C. R. & Russell, D, E., 2002 *The Quiet Revolutionary an Oral History. Roseville: Penmarin Books.* =畠瀬直子訳，2006『カール・ロジャーズ　静かなる革命』誠信書房。

Rosen, S.（ed.）, 1982　*My Voice will go with you : The Teaching of Milton Erickson.* =中野善行・青木省三訳，1996『私の声はあなたとともに――ミルトン・エリクソンのいやしのストーリー』二瓶社。

Rossi, E. L.（ed.）, 1980 *The Collected works of Milton H. Erickson, MD, volume 4: Advanced approaches to therapeutic hypnosis.* Irvington.

―――, 1982　Hypnosis and Ultradian Cycles: A New State（s）Theory of Hypnosis?, in *American Journal of Clinical Hypnosis*, vol.25, no.1, pp.21-32.

Siegel, D., 1999 *The Developing Mind: Toward a Neurobiology of Interpersonal Experience.* New York: Guilford Press.

Spiegel, H. & Spiegel, D., 2004 *Trance and treatment: Clinical uses of hypnosis.* 2nd ed. Washington, DC: American Psychiatric Publishing.

Strong, S. R., 1968 Counseling: An interpersonal influence process, in *Journal of Counseling Psychology*, vol.15, pp.215–224.

Sullivan, H. S., 1954 *The Psychiatric Interview.* =中井久夫・松川周吾・秋山剛・宮崎隆吉・野口昌也・山口直彦訳，1986『精神医学的面接』みすず書

房。

高石　昇・大谷　彰，2012　『現代催眠原論――臨床・理論・検証』金剛出版。

Taylor, S. E., Klein, L. C., Lewis, B. P., Gruenewald, T. L., Gurung, R. A. R., & Updegraff, J. A., 2000 Biobehavioral responses to stress in females: Tend-and-befriend, not fight-or-flight, in *Psychological Review*, vol.107, no.3, pp.411–29.

Truax, C. B. & Carkhuff, R., 2007 *Toward effective counseling and psychotherapy: Training and practice*. Transaction Publishers.

津田真人，2017　「エリク・エリクソン　自分が自分の親になること」『心身社会研究所　自然堂のブログ 2017.06.05』https://blog.goo.ne.jp/jinendopssi/e/36fd16ac29ce2e2ce4b619166d60f42e

――――，2019　『『ポリヴェーガル理論』を読む――からだ・こころ・社会』星和書店。

――――，2021「ポリヴェーガル理論と複雑性トラウマ――病態理解と治療」『精神療法』第 47 巻 5 号，pp.618-9。

――――，2022　『ポリヴェーガル理論への誘い』星和書店。

――――，2023a　「こころ」に安全を育むこと／「からだ」に安全を育むこと――ポリヴェーガル理論と心理療法・身体療法」，花丘ちぐさ編著，2023『わが国におけるポリヴェーガル理論の臨床応用』岩崎学術出版社，pp.84-92。

――――，2023b　「コロナ禍・トラウマの時代・ポリヴェーガル理論」『〈身〉の医療』第 7 号，pp.42-54。

――――，2024　「心身相関におけるポリヴェーガル理論の意義」『心身医学』第 64 巻 3 号，pp.232-8。

Van der Bolt, L. & Tellegen, S., 1995 The connection between the reading of books and the development of sympathy and empathy, in *Imagination, Cognition and Personality*, vol.14, pp.247-60.

Van der Kolk, B.A., 2014　*The Body keeps the Score: Brain, Mind, Body in the Healing of Trauma.* ＝柴田裕之訳，2016『身体はトラウマを記憶する――脳・心・体のつながりと回復のための手法』紀伊国屋書店。

Varela, F., Thompson, E. & Rosch, E., 1991　*The Embodied Mind : Cognitive Science and Human Experience.* ＝田中靖夫訳，2001『身体化された心――仏教思想からのエナクティブ・アプローチ』工作舎。

Wachtel, P. L., 1980 What should we say to our patients? On the wording of therapists' comments, in *Psychotherapy: Theory, Research & Practice*, vol.17, pp.183-8.

Waiswol, N., 1995 Projective techniques as psychotherapy, in *American Journal of Psychotherapy*, vol.49, 244-259.

Wampold, B. E., 2015 How important are the common factors in psychotherapy? An update, in *World Psychiatry*, vol.14, pp.270-7.

Weitzenhoffer, A. M., 1989 *The practice of hypnotism, vol. 1. Traditional and semi-traditional techniques and phenomenology; vol. 2. Applications of traditional and semi-traditional hypnotism. Non-traditional hypnotism.* New York : John Wiley & Sons.

Young, J. E., Klosko, J. S. & Weishaar, M. E., 2003 *Schema therapy: a practitioner's guide.* New York: Guilford Press. ＝伊藤絵美訳, 2008『スキーマ療法──パーソナリティの問題に対する統合的認知行動療法アプローチ』金剛出版。

Zajonc, R. B., 1984 On the primacy of affect, in *American Psychologist*, vol.39, pp.117-23.

Zeig. J.（ed.）, 1980 *Teaching Seminar with Milton H. Erickson.* ＝成瀬悟策監訳・宮田敬一訳, 1984『ミルトン・エリクソンの心理療法セミナー』星和書店。

──── , 1985 *Experiencing Erickson: An introduction to the man and his work.* Brunner/Mazel.

あとがき

　思いがけず，また1冊の本が出来上がりました。まるっきり思ってもみなかったことです。

　実は6年前に1冊目の本を上梓したとき，私はほぼこれと同じ言葉を，やはり「あとがき」の冒頭に書きました。不思議なことに，今回もまた同じ心境です。

　もちろん実際には，いろいろちがいがあります。まず，今回はいわゆる原稿を書き下ろしてできた本ではありません。オンライン動画の録画から文字化ソフトで文字起こしされた原稿をもとにつくった，AIとの協働作業の初体験の本です。文字化ソフトのAIの，俊敏で忠実すぎるほどの優秀な能力には，正直舌を巻きましたが，それだけに話し言葉と書き言葉の想定外のギャップに晒されて面食らい，かえって推敲作業に手間取る憾みもありました。その関係もあって本書は，動画での発言にかなり修正・補筆・加筆を施す結果となったことをご承知おき下さいませ。

　他方，もっと大きなちがいは，書き手も私1人でなかったことです。1人でないどころか，何よりかねて大いに尊敬し，勝手に私淑させて頂いてきた大谷彰先生と，また，かねて何度もセミナーを主催して下さってきた沖トラの大城由敬さんとの，協働作業の賜物であったということです。1人でどんなにゾーンに入って書くのとも一味ちがう，やりがいある仕事でした。それだけに，現にこうして出来上がってみると，サプライズ感もひとしおです。

どういう経緯でこの本が生まれることになったかは，大城さんが「序文」で書いて下さいましたが，よもやこんな本を出すまでの企画になってしまうとは，ついこの前までですら，全く思いもよらないことでした。ひとえに大城さんの粘り強い執念のおかげです。

当時のメールのやりとりを見返してみると，一昨年2023年の5月半ば，大城さんと，沖トラで開催したばかりの，やはり対談によるあるセミナーの振り返りをしていたとき，次の企画に向けて，大城さんが「エリクソン催眠とポリヴェーガル理論の安全感の繋がりは外せないのでは無いか」と問題提起をされたのが始まりです。そして大城さんは，日本催眠医学心理学会での大谷先生の「催眠とポリヴェーガル理論」についての講演を聴講された感触から，このテーマをもっと深めたいと投げかけてこられました。それに私が応えて，「大城さんがそこを特に重視されるのであれば」，今度は「いっそ大谷彰先生と私の対談を企画して頂くのもいいかもしれませんよ！」と返しています。

なぜ私はそう答えたか。「エリクソン催眠とポリヴェーガル理論の安全感の繋がり」という問題意識に，私も大賛成だったのはもちろんなんですが（その結実が本書です），でも一番大きかったのは，敬愛するエリクソン催眠の泰斗でいらっしゃる大谷先生が，ポリヴェーガル理論に関しても確かな理解を示しておられるのを，私は先生のいくつかの論文を通して存じ上げていたからでした。いずれも特にポリヴェーガルの名をタイトルに冠さぬ論文でありながら，ポリヴェーガルを謳う世の凡百のコンテンツ類をはるかに凌ぐ，本質を捉えた論考です。これは現在この国のセラピー系論壇？では，稀有のことといわねば

なりません。

　とはいえ，心理療法の王道の第一線を長きにわたってリードしてこられた大輪の華である大谷先生と，私のような，地域の片隅で当事者たちと世の生きづらさに共に喘ぎ，共に挑んできた草の根の半端者の対談など，現実には全くあり得ない一炊の冗談話として，すぐさま忘却の淵に葬り去るほかありませんでした。ところが何と，そのわずか3日後に，大城さんから，実現に漕ぎ着けたことを知らされた時は，本当に驚きました。いつもながら大城さんの実行力には感嘆せずにはいられません。

　こうしてアメリカの大谷先生と，東京の私とを，沖縄の大城さんたち沖トラの方々が結んでくださり，スタートすることになったのがこの企画です。大城さんだけでない。諸留将人さん，狩俣みつ穂さんはずっと裏方に徹して，この企画を支え続けて下さいました。お二人とも，ふだんは沖縄の地元で優れたセラピストとして，篤い信頼を得て大活躍されている沖トラの中核メンバーの方々です。大城さんももちろんそうです。この場を借りてお三方に（さらには沖トラメンバーの皆さん1人1人にも），万感を込めて感謝の意をお伝えしたいです。今や恒例？になりつつある，冬の沖縄での忘年会で，じかにお会いするのも楽しみにしています〜！

　それにしても，何より大谷先生には，超ご多忙にもかかわらず，よくもお引き受け下さいました。本当にありがとうございました。心より深くお礼申し上げます。オンライン上とはいえ，初めてお会いした時の感激は今なお忘れもしません。しかし何と勿体ないことに，何をお話ししたかはほとんど忘れてしまいました。ただダンディな音調豊かなお声と，人懐っこくやさし

いそのお人柄とに包まれて，さまざまな話題の1つ1つに，これ以上ないほど濃厚な意気投合を享受させて頂いた，その息吹だけは鮮烈にこの身に記憶されています。

そしてその息吹は，本書第3章に収められた対談の中にも息づいているのを，読者の皆さまも感づいて頂けるでしょうか。大谷先生と私とで，2人で1つのセンテンスを編み上げていくかのようなやりとりの場面がしばしば出現するのを，皆さまも目に留められたかもしれません。しかし大谷先生のすごいところは，ご自身は決して多くを語らずして，相手の私に次々に多くを語らせて，気づいたら私1人では決して達しえないような高みに，まるで私が独力で登ったかのように誘って下さっていたことです（レクチャーの，第1章の大谷先生と第2章の私のボリュームのちがいも，たぶんここから説明できます）。その結果，私が日ごろ臨床の場にいながら，ポリヴェーガル理論の臨床的可能性について考えてきたことの多くの論点を，のびのびと語ることができました。

そこでふと思うのです。これってひょっとして，一番うまく回っている時のカウンセリングの会話の流れと，そっくり瓜二つではないのか⁉と。そう，あの対談で，私は実は大谷先生にカウンセリングを受けていた！ そうなんです。そのいわばオープン・カウンセリングの記録のようなものが，本書と言っても言い過ぎではないのかもしれません。

だから対談が終わったとき，良い話ができてよかったな，と私は素直に思いました。大谷先生，大城さん，そして諸留さんや狩俣さんと，こういうのを本にするのもいいかもしれないねと話したりもしていました。しかしこれもまた，現実には全く

あり得ない泡沫の夢のように，すぐさま忘却の淵に葬り去られていきました。ところがほどなく，セミナー参加者の皆さんからのアンケートのご回答で，あるいは実際にお会いする機会のあった参加者の方々からのご感想で，このセミナーのレクチャーと対談の記録を，早くDVD化か書籍化してほしいという，思いもかけない沢山の声を頂くことになったのです。そこで試しに，星和書店の近藤さんにご意見を伺ってみたところ，わずか1時間後に即レスで，「とても興味深いご企画のご提案をありがとうございます。当方も早く本にしたほうがよいのではないかとご拝察申し上げます。」とのお返事。とうとう本気で考えなくてはいけない事態となったのでした。私としては珍しく，ふだん抱くことのなかなかない，一種の「責務」のような感覚に襲われたのをはっきり覚えています。

　でも省みれば，そこに間違いがあったのかもしれません。そもそも私は，決して時間のゆとりがあるわけではありません。大城さんにしても同様です。まして，全米各地から"引っ張り蛸"の大谷先生に至っては，言わずもがなです。皆がタイトなスケジュールをこなしているなかで，迅速に新たな企画の事を進めるには，相当に念入りな段取りを作成し共有しておかねばなりません。しかしひとえに私の不手際から，「責務」だけが空回りしてそこが十分に行き届かず，結果として皆を浮足立たせ，事もあろうに一番大切にせねばならない大谷先生に多大なご負担とご心労を強いることになってしまいました。悔やんでも悔やみきれぬ，詫びても詫びきれぬ，私の大きな反省点です。大谷先生，そして大城さん，近藤さんにも，本当に申し訳ないことをしました。どんなに詫びても詫びきれないんですが，そうであるがゆえにこそ，この場に及んでもなお改めて，深くお

詫び申し上げるほかありません。

　ところが，そんな私の不手際のなかにあっても大谷先生は，対談原稿の推敲を重厚に整理して下さり，適確な補筆加筆によって一段と質の高い内容に引き上げて下さいました（涙）。そして対談においてもレクチャーにおいても，盤石このうえないエレガントなスピーチを終始一貫届けて下さいました。私は，ただもうその確かな礎の上に支えて頂いて，レクチャーにおいても対談においても，半生に及んでしまった半端者としての，つまり「こころ」の臨床家でありながら「からだ」の臨床家であり，また臨床家でありながら独立研究者である境界人（marginal man）としての，年来の思いを思うがままに語らせて頂くばかりでした。まさに，お釈迦様の手のひらのうえで飛び回る孫悟空そのものです。

　ポリヴェーガル理論がもつ臨床的な可能性の発掘に始まり，そのミルトン・エリクソンやカール・ロジャーズとの交響を軸に，マインドフルネスやセルフコンパッションとの相補性，ひいては心理療法全般・身体療法全般への拡張可能性，その際の理論（エビデンス）と臨床の逆説的な相補関係，また認知的な心理療法と身体的な心理療法の根底での共通性，つまるところ「からだに響くことば・ことばに響くからだ」の重要性，そしてその大前提として「社会的関わり」のさまざまなあり方の区別の必要性 etc. etc.……と，ふと気づけば，よくもこんなに壮大なさまざまのトピックを，浅学菲才もわきまえず，身勝手に論じまくってしまったものです。これぞまさしく，お釈迦様の指に残されていたという孫悟空の，（本人はすっかり特大のつもりの）あの小さな小さな落書きなのですね。お釈迦様たる大

谷先生の巨大な存在が，改めて身に沁みてきます。

　「治療関係がセラピーを有効にする〜エリクソン，ロジャーズ，ポリヴェーガル理論の交響」。さて皆さんはこの本を，どのように読まれたでしょうか？　ご意見・ご批判をぜひともお聞かせ頂きたいところです。でもまずは何より，この小さな本を手に取って下さったこと，誠にありがとうございました。心より感謝申し上げます。そして今回もまた，星和書店編集部の近藤達哉さんには，一方ならぬお世話になりました。本当にありがとうございました。

2024 年 8 月吉日　津田真人

索　引

事　項

bare attention　*25*
neuroception　→ニューロセプション
PTSD　*15, 25, 26, 132, 196, 208*
Sati　*24*
SE™　→ソマティック・エクスペリエ
　　　ンシング®
SFA　→ソリューション・フォーカス
　　　ド・アプローチ
SP　→センサリーモーター・サイコ
　　　セラピー
subception　→サブセプション
tend and befriend　*207-8*
voo sound　*201*

【あ行】

愛　*82, 86, 108, 119, 174*
愛着理論　*18*
アウェアネス　*24-7*
　メタ——　*25, 27*
アサーティブ・トレーニング　*129*
あそび　*83-6, 119, 173*
アニッチャ（anicca）　*224*
アロスタティック負荷　*64*
『アンコモン・セラピー』　*3, 87, 107*
安心感　*17, 150, 153, 160*
安全（感）　*vi, 17, 43, 47-50, 59-60, 63,
　65-9, 73, 75-9, 82-7, 92, 94, 101-2,
　104, 106-8, 112, 115-24, 127, 131,
　143-51, 156, 158, 160, 164-5, 174,
　187-91, 196-7, 201, 206*

——（感）／安心（安心／安全感）
　16, 18-9, 26, 30, 123, 140, 144, 149
——基地　*18, 120, 124*
——空間　*18, 21, 26, 36, 71, 99,
　114, 120-4, 189*
——で包む　*117, 127*
——の風穴　*118*
——のトライアングル　*68-9, 117*
——の場　*90, 98-9*
——への希求（行動）　*49, 65-6,
　86, 106, 116-7*
3種類の——　*83-6, 115*
仮の——　*67, 106*
客観的な——／主観的な——　*67*
屈折した——　*49-50, 65, 67, 86, 93,
　106, 117*
声の——空間　*71*
自発的・受容的な——　*120, 124*
受動的な——　*120, 123*
心理的な——　*78-9*
その人（本人）固有の——　*101,
　104*
能動的な——　*120, 124*
物理的な——　*78*
イエスセット　*104*
異文化　*97-8, 104, 131*
ヴィパッサナー（観）　*23, 142*
ウペッカー（捨：Upekkhā）　*26-7, 142,
　176*
生まれ直しとしての治癒　*123, 134*
エビデンス　*9, 25, 214-5, 240*
エリクソン神話　*162, 205*

オキシトシン　*82*
オートポイエーシス　*223*
同じだからつながる　*79, 85, 120, 133,*
　185-7

【か行】

外界変容的／自己変容的　*129*
下意識　*213*
解離　*129, 217*
画一前提神話　*6*
加速化体験力動療法（AEDP）　*98*
家族療法　*111*
可動化（システム）　*45, 48-51, 53,*
　55, 59-60, 64-7, 83
　安全（自由）な——　*82-3, 117,*
　119
からだに響くことば／ことばに響くか
　らだ　*110, 240*
観察　*20, 90, 95-8, 142, 153-6, 160,*
　165, 171-2, 190, 205-6
記憶（の）再固定（化）　*145-7, 217*
危険　*49-52, 56, 59-60, 63, 165, 196-7*
逆転移　*31, 166-7, 202*
境界人（marginal man）　*131, 240*
共感　*4, 9, 14, 21, 35, 90-1, 107-8,*
　132-3, 182
共感的理解　*17-8, 94, 99, 108, 110-1,*
　118, 132-3, 160, 181
協働調整　*109, 118*
偶発性徐反応　*144*
クライエント語　*103-4*
ケアリング　*140-1*
傾聴　*v, 10-1, 13-4, 31, 110*
交感神経（系）　*15-6, 44-58, 63-7, 74-*
　7, 80-2, 84, 86, 116-9, 121-2,
　127, 129-30, 169-70, 172-5, 189,
　191, 193, 195, 197, 208-12
凍りつき（フリーズ）　*15-6, 21, 54,*

　126-7
呼吸性洞性不整脈　*71*
言葉に響く身体　*110*
コーピング　*66-7, 86, 117, 219*

【さ行】

催眠　*v, 3-4, 10, 20, 22-3, 30, 133,*
　140, 149-50, 159-60, 205, 217
　エリクソン——　*v, 205*
　——暗示　*141, 159*
　——誘導　*14, 20-1, 31-2, 141, 158*
　——療法　*20-1, 150-1, 162*
　臨床——　*v, 8, 20, 140*
再編入（co-opting）　*82, 211*
サブセプション（潜在知覚）　*60,*
　108, 129, 218-9, 221-2
サマタ（注意集中）　*23, 142*
酸素代謝要求　*53, 73, 98*
参与しながらの観察　*97-8, 131*
ジェームズ・ランゲ説　*220*
刺激障壁の破綻点　*52*
自己一致　*17-8, 27, 77, 94, 99, 141-2,*
　171
自己開示　*202-4*
自己実現　*77, 85, 120, 125, 130, 187*
疾病利得　*7-8*
慈悲　→メッタ
四無量心　*v, 26-30, 142*
捨　→ウペッカー
社会影響理論　*18*
社会的関わり（関与）（システム）
　16-8, 47-56, 59-60, 68, 77, 83-4,
　107, 184, 189, 191, 240
　３種類の——　*83-5, 120*
　——による安全　*120*
　統合された——　*73*
シャットダウン　*54, 126-7*
守・破・離　*35, 123*

症状の処方　107
状態依存性記憶　146
自律神経（系）　vi, 44, 47-8, 50, 52, 70, 74, 80-6, 96, 115-6, 130, 212, 214, 218
心身医学　182
心身相関（マインド・ボディ）アプローチ　25
身体化（embodyment）　221-3
身体感覚　25, 102, 143, 221, 224
身体社会的　48
身体的認知　61, 221
身体に響く言葉　110
身体の固有感覚　154
身体表現性解離　15
身体レベルの記憶　122
死んだふり　46, 55
信頼（関係）　4, 16-7, 19, 21, 28, 35, 82, 85, 91-3, 120, 144, 146, 156
　ありのままへの――　90-1, 95
スキーマの歪み　223-4
スキーマ療法　223-4
ストレス　49, 56, 65-7, 77, 86, 116-7, 218-9
　――性の疾患　46
　――反応　15, 222
　――理論　45, 66
生の脅威　51, 59-60, 63
セルフコンパッション　125, 142, 170, 173, 240
潜在記憶　217
センサリーモーター・サイコセラピー（SP）　74, 98, 220
戦争　79, 186
蒼古的密着関係　21
ソマティック・エクスペリエンシング®（SE™）　98-9, 132, 201, 204, 220

ソマティックな心理療法（アプローチ）　98, 148, 182, 220
ソリューション・フォーカスド・アプローチ（SFA）　101-2, 116

【た行】

対象喪失　102
対人神経生物学　130
耐性の窓（耐性領域）　74-5, 78
大脳辺縁系の共鳴　130
戦うか逃げるか　→闘争／逃走
ちがうからつながる　85, 98, 120, 187
ちがうけどつながる　85, 120, 186-7
チャート式応答　v, 3-4, 6, 11-4, 164
中動的（中動態）　97, 114, 131, 178-80
超日リズム　131
超理論的　113
散りばめ（interperse）　22, 103, 107, 159, 205
「でも・しか」応答　v, 6, 11, 12, 95, 164
テーラワーダ（上座）仏教　24-5
投影　167-8
闘争／逃走　15-6, 45-6, 54, 56, 61-4, 83, 126-7
同調圧力　184-5
トゥルアックスとカーカフの公式　13
トゥルーイズム　104
友と敵の区別　79
トラウマ　9, 15, 25, 28-9, 49, 57, 65, 67, 77, 86, 116-7, 123, 125-6, 129, 146, 194, 196, 208-9, 217, 221
　再――化　144
　――関連疾患　46
　――記憶　144-6
　――後成長（PTG）　121
　――・セラピー（トラウマ治療）　121-4, 146, 213, 216-7

――との再交渉　*122*
――の時代　*182*
――反応　*9, 147, 196*
トランス　*20, 97, 151, 190-1, 210*
　ありふれた日常の――　*97, 131*

【な行】

内受容感覚　*61, 221-4*
内臓感覚　*60, 96, 170*
『二月の男』　*146*
ニュールック心理学　*61*
ニューロセプション　*16-7, 53, 58-62,*
　　73, 96, 108, 129, 165, 167, 170-1,
　　189-90, 196, 218, 221-3
　誤った――　*62, 86, 106*
　――の誤作動　*62, 64, 165-8, 191,*
　　195, 223-4
人間性心理学　*108*
認知革命　*62*
認知行動療法（CBT）　*3-4, 10, 25,*
　　195, 219, 222-3
認知療法　*221, 224*
脳腸相関　*198*

【は行】

パーソンセンタードセラピー　*93,*
　　141
背側迷走神経複合体　*15-6, 44-6,*
　　48-50, 52-8, 64-7, 74-7, 80-4, 86,
　　116-22, 127, 129-31, 172-5, 189,
　　191, 193, 195, 197, 209-10, 212
バウンダリー　*79*
被暗示性　*150-1*
フェルトセンス　*109, 221, 223*
フォーカシング　*108-9*
副交感神経　*15, 44, 47, 130-1*
腹側迷走神経複合体　*15-6, 18, 24,*
　　44, 47-50, 53-8, 68-74, 80-2, 84,

　　86, 96-9, 109, 117-22, 127, 129,
　　131, 143, 153, 172-7, 184, 187,
　　189-95, 200-2, 208
不動　*15-6*
不動化（システム）　*45-6, 48-50,*
　　52-3, 55, 59-60, 64-7, 83, 126
　安全な――　*82, 117, 119*
　恐怖なき――　*82-4, 86, 119*
ブリーフセラピー　*101, 110, 132*
ブレンド　*vi, 58, 80-4, 86, 117-9,*
　　127, 172-6, 191, 207-8, 211, 218
ペーシング　*111, 141, 189, 205*
ボディランゲージ　*9, 20-1, 33, 154*
ホメオスタシス　*47*
ホメオスタティック・ダンス　*58, 131*
ボランティア精神　*207-8*
ポリヴェーガル理論　*4, 14-9, 26, 26,*
　　30, 42-5, 50, 57, 80, 81, 87, 98,
　　114-5, 132, 140, 147- 8, 173,
　　183-4, 187-8, 195

【ま行】

マインドフルネス　*v, 10, 23-6, 30,*
　　142-5, 152, 170, 176, 221-3, 240
マインドフルネス段階的トラウマセラ
　　ピー（MB‒POTT）　*vi, 124*
見立て　*6-9, 125, 165, 194*
ミラクル・クエスチョン　*102*
ミルトン・エリクソン・ファンデーシ
　　ョン　*205*
無意識　*16, 52, 59-60, 62, 96, 108,*
　　176, 213
無条件の肯定的関心（配慮）　*17-8,*
　　99, 101
瞑想　*23-5, 76, 176, 183*
　慈悲――　*27*
迷走神経　*44, 69, 198*
メスメリズム　*133*

メッタ（慈悲） 26, 142
モラル・インジャリー 209

【や行】

揺れてもブレない 74-8, 147, 174
予測可能性 79-80

【ら行】

ラポール 16, 21, 105, 121, 133
リソース vi, 9, 43, 87, 90-1, 94, 97,
　99-107, 110-1, 115-6, 147-53,
　156-7, 160, 165, 172, 175, 189,
　193, 205-6
　ニュートラルな―― 100-4, 115-7,
　　147, 151, 157-8, 192
　ネガティブな―― 100, 105, 117,
　　157, 158, 192
　ポジティブな―― 100-1, 115-7,
　　157-8, 192
利用（utilization） 90, 91, 94, 96,
　100, 103, 110, 112, 171
理論の特権的地位 113
臨機応変（性） 53-4, 56, 75-6, 78,
　80, 120, 163
例外探し 102
ロジャーズの3原則 17-8, 27, 94, 99

人　名

アレクサンダー，フランツ 182
ヴァレラ，フランシスコ 222-3
ヴァン・デア・コーク，ベッセル 26
エインズワース，メアリー 124
エリクソン，エリク 124, 133
エリクソン，ベティ・アリス 23, 107,
　158-9
エリクソン，ミルトン iv, vi, 3-4, 8,
　10, 19, 21-3, 35, 42-4, 87-104,

107-115, 128, 133-4, 139-140,
　146-64, 171, 180, 189-92, 204,
　207, 215-6
オグデン，パット 74-8, 98, 209, 220
オハンロン，ビル 151, 162
ガニソン，ヒュー 21
ギリガン，スティーブ 130
グロデック，ゲオルグ 182
ゲッシン，ルーパート 25
ゴールドシュタイン，クルト 108,
　130
ザイアンス，ロバート 222-3
ザイク，ジェフリー 205
サリヴァン，ハリー・スタック 43,
　131-2
シーゲル，ダニエル 75, 130
ジェンドリン，ユージン 109, 221,
　223
ジャクソン，ヒューリングス 212
ジャネ，ピエール 121, 149, 213,
　216-7
ストロング，スタンリー 19
スピーゲル，ディビッド 20
高石　昇 4, 113, 162
テーラー，シェリー 207
土居健郎 7
道元 24, 32
トンプソン，クララ 132
トンプソン，ケイ 8, 32, 140-1, 152,
　154-6, 164
ニャニャポニカ長老 25
白隠 24
ハーマン，ジュディス 16, 122
パールズ，フリッツ 181
ハモンド，コリドン 21, 162-3, 205
バンヴェニスト，エミール 178
ヒル，ルイス 131
フェレンツィ，シャーンドル 43,

129, 132-3, 182-3
フォーシャ，ダイアナ 98
ブルーナー，ジェローム 61
フロイト，ジークムント 132-3, 149-
　　50, 182, 216-7
ヘイリー，ジェイ 3, 107
ボウルビィ，ジョン 43, 124
ポージェス，スティーブン vi, 53,
　　58, 60, 62, 54, 73-5, 78-83, 94,
　　96, 99, 106, 116-7, 127, 143,
　　149, 165, 170, 173-4, 188, 212-3,
　　218-9, 222
ホーナイ，カレン 181
マズロー，アブラハム 130
メルロ・ポンティ，モーリス 62

森　俊夫 113
ヤング，ジェフリー 223-4
ライヒ，ヴィルヘルム 182
ラヴィーン，ピーター 98, 132, 167,
　　201, 209, 220, 224
ラザルス，リチャード 61, 218-9,
　　222-3
ランク，オットー 124, 132-3, 181,
　　182
ロジャーズ，カール iv, vi, 3, 14, 18,
　　21, 27, 34-5, 42-3, 60-2, 77, 93-5,
　　101, 108, 110, 128-9, 133, 139,
　　141-2, 160-3, 171, 180-1, 204
ロッシ，アーネスト 131, 151, 158
ワクテル，ポール 31

著者略歴

大谷 彰（おおたに あきら）

米国在住サイコロジスト。上智大学外国語学部（英語学科）卒業後，アメリカに渡り，West Virginia University 大学院でカウンセリング心理学を修める（教育学博士）。The Johns Hopkins University 大学院准教授，University of Maryland カウンセリングセンターでシニアサイコロジストとして心理臨床の研究と訓練に携わった後，2008 年より Waypoint Wellness Center で臨床活動を行う。元メリーランド州公認心理師委員会副委員長。心理トラウマ，不安／強迫障害に関心を持つかたわら，日米で臨床催眠，仏教瞑想／マインドフルネス，キャリアカウンセリングの研修に励む。代表著書に『カウンセリングテクニック入門』，『プロカウンセラーが教える対人支援術』，『マインドフルネス入門講義』，『マインドフルネス実践講義』（いずれも単著），『現代催眠原論』，『マインドフルネスと催眠』（共に共著）はじめ論文多数。

津田 真人（つだ まひと）

1959 年東京都生まれ。「心身社会研究所 自然堂（じねんどう）治療室・相談室」主宰。90 年代初めより，東京・多摩の国立（くにたち）市を中心に，地域で 1 人 1 人の〈からだ・こころ・社会〉を大切にしながら，さまざまな「障害」・疾病・悩み事・困り事に，当事者と共に取り組む。一橋大学大学院社会学研究科後期博士課程単位取得退学。東洋鍼灸専門学校卒業。公認心理師。精神保健福祉士。鍼灸師。あんま・マッサージ・指圧師。ゲシュタルト・セラピスト。ソマティック・エクスペリエンシング®認定プラクティショナー。首都圏の大学等で非常勤講師も務めるほか，近年はポリヴェーガル理論のセミナーも全国各地で開催中。著書に『ポリヴェーガル理論を読む』（星和書店，2019 年），『ポリヴェーガル理論への誘い』（星和書店，2022 年），共著『わが国におけるポリヴェーガル理論の臨床応用』（岩崎学術出版社，2023 年）。

大城 由敬（おおしろ ゆきひろ）

沖縄生まれ，沖縄育ち。臨床心理士。公認心理師。鳴門教育大学大学院学校教育研究科臨床心理士養成コース修了。これまで教育機関の教育相談員や児童養護施設の心理士，スクールカウンセラーとして勤務。現在は社会医療法人へいあん 平安病院で公認心理師として勤務。同法人かもめクリニックでリワークの集団プログラムの一部を担当。好奇心旺盛で，この頃は心身アプローチに興味津々。ユーモア溢れるセラピーを得意とする。沖縄トラウマケア勉強会に所属。当会の有志のメンバーで構成されている，沖縄セミナー事務局で，沖縄を元気に，日本を元気にするために，全国にセミナーやワークショップなどを発信している。

治療関係がセラピーを有効にする

2025 年 2 月 8 日　初版第 1 刷発行

著　者　大谷　　彰　　津田真人　　大城由敬

発行者　石澤雄司

発行所　^{株式}_{会社}星和書店

　　　　〒 168-0074　東京都杉並区上高井戸 1-2-5

　　　　電話　03（3329）0031（営業部）／03（3329）0033（編集部）

　　　　FAX　03（5374）7186（営業部）／03（5374）7185（編集部）

　　　　http://www.seiwa-pb.co.jp

印刷・製本　中央精版印刷株式会社

Ⓒ 2025 大谷彰，津田真人，大城由敬／星和書店

Printed in Japan　　　　　　　　　　　　ISBN978-4-7911-1151-0

・本書に掲載する著作物の複製権・翻訳権・上映権・譲渡権・公衆送信権（送信可能
　化権を含む）は（株）星和書店が管理する権利です。

・ JCOPY 〈（社）出版者著作権管理機構　委託出版物〉

　本書の無断複製は著作権法上での例外を除き禁じられています。複製される場合は，
　そのつど事前に（社）出版者著作権管理機構（電話 03-5244-5088，
　FAX 03-5244-5089，e-mail：info@jcopy.or.jp）の許諾を得てください。

「ポリヴェーガル理論」を読む

からだ・こころ・社会

津田真人 著

A5判　636p　定価：本体 4,800 円＋税

「ストレスの時代」から「トラウマの時代」へ。旧来の自律神経論を刷新する、いま世界的に話題のポリヴェーガル理論を、深く広い視野から、わかりやすく面白く読み解いた本邦初の本格的な解説書!!

ポリヴェーガル理論への誘い

津田真人 著

四六判　300p　定価：本体 2,400 円＋税

わが国の第一人者による第二弾。生物の神経と器官の進化を辿り、新たな自律神経システム論の可能性を軽快な筆致でわかりやすく解説する。著者独自の「トラウマの時代」を生き抜く知恵が詰まった一冊。

発行：星和書店　http://www.seiwa-pb.co.jp